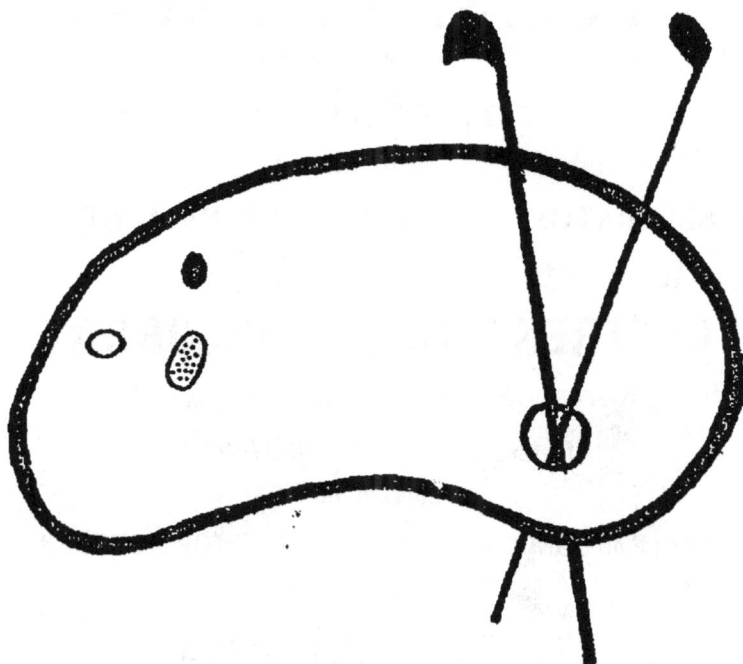

DEBUT D'UNE SERIE DE DOCUMENTS
EN COULEUR

L'ÉGLISE ET L'ÉTAT

CONFÉRENCE

SUR LA

SÉPARATION DE L'ÉGLISE ET DE L'ÉTAT

FAITE A CHAUMONT

ET

LETTRES SUR LE CONCORDAT

Adressées aux lecteurs de la

Gazette des Travailleurs

SUIVIES DU

TEXTE DU CONCORDAT ET DES ARTICLES ORGANIQUES

PAR

J.-L. DE LANESSAN

DÉPUTÉ DE PARIS

Professeur agrégé à la Faculté de Médecine de Paris

Prix : 0 fr. 75

Chaumont. — Imp. P. Boret

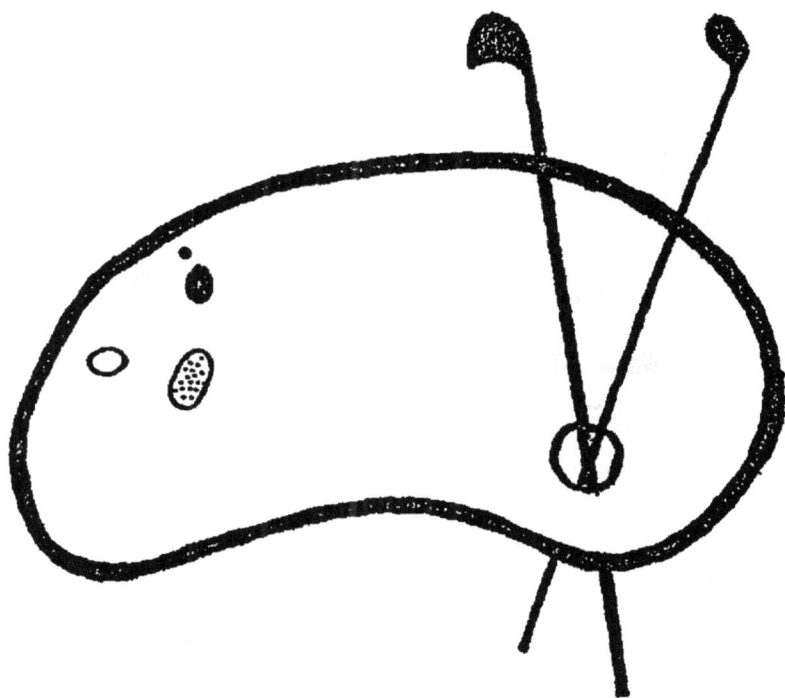

FIN D'UNE SERIE DE DOCUMENTS
EN COULEUR

LA
Séparation de l'Eglise et de l'Etat.

CONFÉRENCE
DE M. J.-L. DE LANESSAN

Membre du Conseil municipal de Paris,
Professeur à l'Ecole de Médecine

Mesdames,
Messieurs,

Vers le milieu du 16e siècle, il se produisit, dans une petite ville d'Allemagne, un événement qui, assez minime en lui-même, offre, relativement à la question qui va nous occuper, un intérêt si considérable, et est si caractéristique, que je vous demande la permission de vous le rappeler dès le début de cette conférenc.

Depuis quelques années déjà, Luther est en guerre avec la papauté ; une forte portion de l'Allemagne a pris parti pour la Réforme. Il semble que la religion catholique est sur le point de s'écrouler. Mais Luther est un croyant. Son œuvre n'aboutit qu'à un simple schisme, à une religion nouvelle, ou plutôt à un catholicisme nouveau, qui se dresse en face du catholicisme ancien. Au fond, simple querelle de mots.

Le peuple n'a rien compris à cette réforme incomplète. Il souffre, et trouvant que la religion nouvelle n'apporte à ses souffrances pas plus de soulagements que l'ancienne, il se soulève à la fois contre les doctrines et les dogmes de la papauté et contre les doctrines et les dogmes de Luther et de ses disciples. Une tentative de révolution sociale éclate sous le couvert de la religion ; une secte célèbre dans l'histoire se constitue, sons le nom d'Anabaptistes ou Rebaptiseurs, et la petite ville de Munster ne tarde pas à devenir le centre d'un mouvement formidable, à la fois religieux et social.

Notre intention n'est pas de nous étendre sur l'histoire de cette secte ; un seul fait entre dans notre cadre et doit attirer notre attention. C'est à lui que tout à l'heure je faisais allusion.

Jean de Leyde veut se faire élire roi de la ville de Munster. Le procédé qu'il emploie pour cela est fort simple ; c'est, à peu de chose près, celui qu'ont de tout temps mis en usage les empereurs et les rois. Le doreur Dutschensur, prophète anabaptiste, annonce au peuple assemblé que, pendant la nuit précédente, Dieu le père lui a apparu et lui a donné l'ordre de faire proclamer roi Jean de Leyde.

Le chef des anciens sacre alors solennellement le nouveau monarque en prononçant les paroles suivantes : « Prends ce glaive de la justice ; sers-t'en de manière à pouvoir en rendre compte au Christ, quand il t'appellera devant son tribunal ; je te oins, *au nom de Dieu*, roi de la nouvelle Sion et de l'univers entier. »

Remarquez, Messieurs, la forme de ce sacre. C'est celle qui, de tout temps, a été adoptée par le pouvoir civil, désireux d'obtenir, non-seulement l'obéissance à la force qu'il possède, mais encore le respect de ceux auxquels il s'impose.

Cette alliance du pouvoir civil et du pouvoir religieux est un fait constant. Elle est inscrite en lettres de sang sur chaque page de l'histoire de l'humanité, et c'est à peine si notre dix-neuvième siècle, peut espérer la rompre.

A ce siècle de science, cependant, il appartient d'étudier et de résourdre ces graves questions :

Quelle est l'origine du pouvoir religieux ?

Quelle est l'origine du pouvoir civil ?

Quels ont été jusqu'à ce jour les rapports de ces deux pouvoirs entre eux ?

Quels doivent être désormais ces rapports ?

Telles sont les questions que je me propose de passer en revue devant vous, sans avoir la prétention d'en exposer tous les détails pendant le peu de temps que nous avons à consacrer à leur étude.

Pour découvrir l'origine du *pouvoir religieux* et celle du *pouvoir civil* (1) il suffit de jeter un coup d'œil sur l'organisation d'une des tribus à demi sauvages de l'Afrique ou de l'Océanie.

Deux hommes y exercent une action prépondérante.

L'un est robuste et beau. Il a le front large, la face épanouie, le teint coloré, le regard assuré et hardi. Il est le plus rapide et le plus habile à la chasse, le plus brave dans les combats. Il est le premier dans l'attaque, le dernier dans la fuite. La tribu entière a confiance dans sa force, son courage et son

---

(1) Dans une critique de cette conférence, un journal a confondu la question de *l'origine du pouvoir religieux* avec celle de *l'origine des religions*. Ce sont là cependant deux questions fort différentes l'une de l'autre. Dans ma conférence du 16 novembre, je ne me suis occupé que de la première ; mais je pense avoir quelque jour l'occasion d'aborder, devant le même public, celle de *l'origine des religions* et de *l'origine des sociétés*.

audace. Nul n'oserait le contredir dans les conseils ; nul n'oserait refuser de le suivre quand la guerre a été déclarée. Il est le chef, le roi de la tribu.

L'autre est faible et laid. Sa face est étroite et aiguë ; son front est fuyant ; son œil est petit, mais le regard en est perçant et pénétre jusque dans la profondeur des consciences. Il est inhabile à la chasse et lâche à la guerre. Et cependant, lui aussi, il est redouté et respecté. Il est le sorcier, le devin, l'homme qui, dans un état plus avancé de civilisation, portera le nom de prêtre.

Le chef puise les éléments de sa puissance à la fois dans sa propre force et son propre courage et dans la faiblesse et la couardise des hommes qui l'entourent.

Le prêtre trouve les éléments de son pouvoir dans son habileté et dans la sottise et l'ignorance des autres.

Le sauvage a cultivé quelque coin de terre. Il l'a arrosé de ses sueurs. Il y a semé la plante qui doit subvenir à sa nourriture et à celle de ses enfants. Mais, la nature est souvent rebelle aux efforts que fait l'homme pour la dompter. Le soleil a brûlé la plante ; la pluie trop abondante l'a noyée ; les eaux débordées du torrent ont entraîné le sol même du champ.

Le malheureux, dépossédé du fruit de son travail, se lamente et se livre à un désespoir impuissant. Il ignore d'où viennent le soleil, la pluie ou le torrent qui ont dérobé son bien. Il ignore les moyens de combattre ces puissances mytérieuses et redoutables.

Mais, le sorcier est là, à ses côtés, guettant l'heure propice de se jeter sur la proie qu'il convoite et d'arracher au misérable ce que les éléments ont épargné. Ne travaillant pas, il vit du travail des autres.

« Je connais, murmure-t-il à l'oreille du désespéré, la cause des malheurs qui viennent de te frapper. Viens avec moi dans la profondeur de la forêt. Amènes-y la plus belle de tes génisses, le plus robuste de tes agneaux ; nous les offrirons ensemble, en expiation, à l'esprit qui te poursuit de sa colère. Cet esprit, tes yeux ne peuvent le voir, tes oreilles ne peuvent entendre sa voix, tes mains ne peuvent le toucher ; mais, moi, son favori, son représentant dans le village, je suis en rapports constants avec lui. Je lui adresserai, avec le sacrifice, les prières et les supplications qu'il m'a enseignées. Sa fureur se calmera, et, pendant l'année qui va venir, le soleil ne brûlera pas ton champ, la pluie ne l'inondera pas, le torrent ne l'entraînera pas. »

Le sauvage naïf — et bien d'autres qui sont aussi naïfs sans être sauvages imitent son exemple — le sauvage prête l'oreille aux discours du sorcier ; il lui donne, pour l'offrir à l'esprit, le plus robuste de ses agneaux et la plus belle de ses génisses; et si, l'année suivante, par suite de circonstances que le sorcier a pu prévoir, les saisons sont favorables, si le soleil est doux et la pluie tempérée, si la récolte est abondante, le sorcier en aura sa part et son pouvoir sera fondé.

La tribu dès-lors est soumise à une double puissance : l'une, le pouvoir civil, fondé sur la force ; l'autre, le pouvoir religieux, établi sur l'ignorance.

Mais ces deux puissances, placées côte à côte, dominées par le même désir de se faire craindre et obéir de tous, ne peuvent vivre en paix. La lutte ne tarde pas à éclater entre elles, et, dans ce combat, la victoire n'appartiendra pas à l'homme robuste, fort et beau, elle sera le partage de l'homme à la face anguleuse et au front fuyant. Le sorcier, lâche et faible, mais habile, triomphera du chef robuste et courageux, mais ignorant.

En invoquant à son secours les puissances occultes et surnaturelles dont il passe pour être le représentant dans la tribu, il soulèvera à sa guise la résistance de la masse, il sèmera la rébellion aux volontés du chef, et celui-ci, ne trouvant plus dans la force seule une arme suffisante au maintien de sa puissance, pactisera avec le sorcier, au caractère sacré duquel il croit d'ailleurs comme les autres. Il se fera proclamer et oindre, par lui, roi ou empereur, au nom d'une puissance surnaturelle que le peuple redoute d'autant plus qu'il ne peut la connaître.

L'intervention du prêtre dans la fondation du pouvoir civil n'est nullement désintéressée. Tandis que le chef militaire revêt la pourpre impériale, le prêtre se couvre de la robe pontificale. En même temps qu'il légitime, au nom de Dieu, la force brutale du monarque, il contraint ce dernier à s'incliner devant sa propre puissance. L'alliance du sabre et du goupillon, de la violence et du mensonge astucieux, est désormais conclue. L'humanité sera pendant de longs siècles la droie du prêtre et du roi.

Laissant de côté l'antiquité trop éloignée de nous, ouvrons l'histoire des époques récentes, et la justesse de ces considérations ne pourra nous échapper.

Pendant tout le moyen-âge, les papes et les rois se partagent la domination absolue de l'Europe ; le pape s'appuyant sur Dieu et les rois prenant leur point d'appui sur le pape.

C'est au nom du pape que sont sacrés tous les rois de l'Europe chrétienne. C'est par le pape qu'est couronné l'empereur d'Allemagne qui, comme un vassal, prête serment de fidélité à la religion catholique et à son chef. Grégoire VII n'hésite pas à écrire, en excommuniant Henri IV, empereur d'Allemagne.

« Si le saint-siége a reçu de Dieu le pouvoir de juger les choses spirituelles, pourquoi ne ugera-t-il pas aussi les choses temporelles?... Quand Dieu dit à Saint-Pierre : « Paissez mes brebis », fit-il une exception pour les rois ? L'épiscopat est autant au-dessus de la royauté que l'or est au-dessus du plomb ; Constantin le savait bien lorsqu'il prenait la dernière place parmi les évêques. »

L'empereur reconnaît si bien ce droit, qu'il vient implorer son pardon en habit de pénitent et attend trois jours, les pieds dans la neige, sous les murs de la forteresse de Canossa, que le pontife souverain veuille bien le lui accorder (1).

---

(1) « Le quatrième jour, dit Lanfrey (*Hist. des papes*, 122) Hildebrand consentit enfin à le recevoir. La comtesse Mathilde intercéda pour lui, et à sa prière, l'anathème fut levé, à condition que l'empereur se rendrait à la diète d'Augsbourg, *qu'il en appellerait au pape comme à son vrai juge, quitterait ou reprendrait sa couronne selon sa décision et que jusqu'à ce jour-là il n'exercerait aucune des prérogatives royales.* Henry s'y engagea par serment. »

Tout le monde était, à cette époque, tellement convaincu que le pape était, au nom de Dieu, le dispensateur de la puissance royale, que les députés saxons, adressant à Grégoire VII leurs plaintes contre Henri IV, lui disent : « Un tel roi est d'autant moins digne de régner qu'il n'a pas été couronné par Rome ; *c'est à Rome de reprendre son droit de couronner les rois.* »

Cependant quelle que fût l'autorité morale de l'Eglise, les rois ne se pliaient pas toujours avec autant de docilité aux volontés et aux caprices des souverains pontifes, et Henri IV lui-même ne tarda pas à chercher dans les armes la vengeance de son affront. Le pouvoir civil et le pouvoir religieux, qui s'entendent à merveille pour faire courber les têtes à la fois devant l'autel du dieu et le trône du monarque, et pour opprimer et pressurer la masse ignorante et faible, sont jaloux l'un de l'autre. Chacun s'efforce d'augmenter sa propre autorité au détriment de celle de son rival, et pendant de longs siècles la terre est rougie par le sang que font verser ces luttes dont le vainqueur est souvent, sinon toujours, non pas l'empereur ou le roi, mais le pontife romain, c'est-à-dire celui qui, aux yeux de tous, y compris les rois eux-mêmes, est le seul représentant direct de Dieu sur la terre et par suite le dispensateur de toute autorité.

Quelle que soit leur puissance et leur force, les rois n'ont d'autre préoccupation que de soutenir au moins son pouvoir spirituel, et l'on peut dire, sans crainte de se tromper, que si les inquisitions ont été imaginées par les prêtres, leurs victimes ont été condamnées et brûlées au nom des rois. Qu'il me suffise de vous citer à cet égard l'arrêt monstrueux signé par Charles-Quint en 1529 contre les anabaptistes.

« Tout anabaptiste, tout anabaptisé, n'importe de quel sexe, n'importe de quel âge,
doit être passé de vie à mort, soit par le glaive,
soit par le feu, soit par autre chose, et sans
aucune justice inquisitoriale préalable.

« Tout prédicateur, fauteur, recéleur d'ana-
baptisme qui persiste ou qui récidive, doit
être frappé de la peine de mort et ne doit
jamais être gracié.

. . . .

« *Nous ordonnons en outre que chacun fasse
baptiser ses enfants selon l'usage chrétien.*
Ceux qui s'y opposent, sous prétexte que
le baptême n'a point d'importance, seront
regardés comme anabaptistes et jugés comme
tels....

« Au nom de notre devoir et de *notre serment qui nous tient à l'empire sacré et romain,*
nous ordonnons. . . . . »

Il me serait facile d'emprunter à une époque beaucoup plus récente de notre histoire
nationale, des faits non moins abominables
et tout aussi probants de l'entente fatale qui
a toujours existé, malgré leurs luttes momen-
tanées, entre le pouvoir civil et le pouvoir
religieux.

De cette entente résulte la « servitude
volontaire », pour me servir du nom de La
Boétie, à laquelle les peuples ont de tout
temps été soumis et à laquelle on ne les
arrache que presque malgré eux, servitude

qui se complique de la suppression de tous les droits primordiaux de l'homme et qui fait de lui un misérable jouet livré à tous les caprices de ses maîtres.

Qui donc oserait soutenir que le fils de l'esclave, en venant au monde, n'apporte pas la même somme de droits individuels que le fils de l'homme libre, et si la main débile de cet enfant pouvait arracher à l'oppresseur son poignard et le lui plonger dans les entrailles, qui donc oserait prétendre que cet enfant est un assassin et que son acte est un crime ?

Mais, si l'on admet que l'esclave a le droit de reconquérir sa liberté même aux dépens de la vie de son maître, peut-on nier que les peuples aient le même droit ? et ne doit-on pas être étonné qu'ayant pour eux le nombre, la force et le besoin de liberté inhérent à tout être vivant, ils se courbent encore sous la volonté des despotes ?

Comment expliquer que des milliers d'hommes abandonnent leurs champs, leurs ateliers, leurs femmes, leurs enfants, leurs intérêts les plus graves et leurs affections les plus sacrées, pour aller, dans des guerres injustes et criminelles, cueillir les lauriers qui ceindront, au jour de la victoire, le front d'un monarque aussi prudent qu'ambitieux ? Comment expliquer que les veuves et les enfants de ces victimes du caprice d'un seul, acclament le tyran qui les a privés de leurs maris et de leurs pères, au lieu de le déchirer de leurs ongles ?

La seule explication admissible n'est-elle pas que les peuples considèrent le pouvoir de leurs rois et de leurs empereurs comme ayant sa source dans une autorité surnaturelle, devant la quelle s'incline leur ignorance et leur sottise ?

« C'est moi, leur dit le prêtre, qui ai sacré cet homme , au nom du Dieu tout-puissant ; c'est moi qui ai déposé la couronne sur son front ; c'est moi qui ai placé dans sa main le glaive de la justice. Cet homme est avec moi, sur la terre, le représentant de la Divinité infinie et éternelle qui a créé le monde et gouverne les hommes. Au nom de Dieu, vous obéirez à ses ordres ; vous vous ferez égorger pour sa gloire ; vous verserez entre ses mains la meilleure part du fruit de votre travail, pour que sa table soit luxueuse et son alcôve impudique ».

Les rois et les empereurs de notre époque n'invoquent pas d'autre origine de leur puissance. Pas un ne se sent assez fort pour se passer de l'appui du pouvoir religieux. Le bandit de Décembre lui-même demande au pape la consécration de son crime et se dit empereur « par la grâce de Dieu » — comme s'il y pouvait croire !

Les plus illustres de nos grands révolutionnaires eux-mêmes n'ont pu se soustraire à cette alliance fatale du pouvoir civil avec le pouvoir religieux.

Dans les rues de Paris révolté, Robespierre processionne en pontife de l'Etre suprême. Hébert arrache le Christ des autels mais il le remplace par la déesse Raison. Autoritaires, ces hommes ont compris que leur pouvoir ne serait accepté par la foule que si elle voyait en eux des êtres d'une sorte particulière, des représentants de la puissance mystérieuse à la quelle elle croit encore après avoir renversé ses images.

Thiers le voltairien provoquera l'expédition de Rome pour rétablir le pouvoir temporel du souverain pontife, et Gambetta rêvant la présidence d'une République autoritaire, tentera l'union impossible de la Révolution et de l'Eglise.

Mais nul n'a mieux compris et mieux exprimé la nécessité de l'union du pouvoir civil et du pouvoir religieux que Napoléon 1ᵉʳ, cette personnification, à notre époque, du despotisme, de la force et de l'autorité du sabre (1).

_____

(1) Un journal de Paris vient de publier un fragment des *Mémoires* encore sous presse du prince de Metternich qui contient à cet égard des révélations curieuses. Nous pensons qu'il ne sera pas inutile d'en reproduire ici les passages relatifs à la question qui nous occupe.

Il tient sous le talon de sa botte la France épuisée de sang et d'argent. Il est général victorieux ; il est premier consul de la République ; il est enfin empereur. On lui obéit, et on l'encense. Cependant, il n'a pas encore confiance. Il comprend la nécessité de faire légitimer son Empire par la Religion. Il contraint le Pape à venir lui-même déposer sur son front la couronne impériale. Mais l'Eglise fait ses conditions. En échange de son huile sainte, elle exige le Concordat.

« Napoléon, écrit le prince de Metternich, regardait le catholicisme comme le culte le plus favorable au maintien de l'ordre et de la tranquillité du monde moral ». On n'ignore pas que, pour Napoléon Ier, comme pour tous les autoritaires, *ordre* est synonyme d'*obéissance passive*.

Le prince de Metternich ajoute :

« Il était de même très frappé de l'idée de ramener à la divinité l'origine de l'autorité suprême. Il me dit un jour à Compiègne, peu après son mariage avec l'archiduchesse : « Je vois que l'impératrice, en écrivant à son père, met sur l'adresse: *A Sa Sacrée Majesté Impériale.* Ce titre est-il d'usage chez vous ?« Je lui dis qu'il l'était, par la tradition de l'ancien empire germanique qui portait le titre de Saint-Empire et parce qu'il était également attaché à la couronne apostolique de Hongrie. Napoléon me répliqua alors d'un ton solennel: « L'usage est beau et bien entendu. Le pouvoir vient de Dieu, et c'est par là seulement qu'il peut se trouver placé hors de l'atteinte des hommes. D'ici à quelque temps, j'adopterai le même titre. »

Je ne veux pas entrer ici dans l'analyse de ce détestable contrat, qui rendait à la domination du catholicisme notre pays délivré par la Révolution de l'étreinte mortelle des prêtres et des rois. Qu'il me suffise de vous rappeler l'un des articles du décret du 24 messidor au XII :

« Lorsque le saint-sacrement passera à la vue d'une garde ou d'un poste, les sous-officiers et soldats prendront les armes, les présenteront, *mettront le genou droit en terre*, inclineront la tête, porteront la main gauche au chapeau ; *le drapeau saluera* ».

Demandez, je ne dirai pas au libre-penseur, mais au protestant, au juif ou au mahométan, ce qu'est ce saint-sacrement, et ils vous répondront : « *Un morceau de pain à cacheter* ».

Et c'est devant ce « pain à cacheter » que le soldat doit courber son front noirci par la fumée des batailles, et se mettre à genoux ; c'est devant ce «pain à cacheter» que le drapeau de la France, toujours droit devant l'ennemi, même dans la défaite, doit s'abaisser.

Et cela, parce que si le peuple s'avisait de ne voir dans le Saint-Sacrement qu'un vulgaire « pain à cacheter », il ne tarderait pas à ne voir dans l'Empereur qu'un homme comme les autres et souvent plus petit que les autres; parce que si le peuple ne croyait pas au Saint-Sacrement, il ne croirait bientôt plus à l'empereur ; parce que le pouvoir civil et le pouvoir religieux ne peuvent aller l'un sans l'autre ; parce que, comme l'a dit un grand poëte, Empereur et Pape sont deux moitiés de Dieu, ne pouvant être séparées sans que l'une et l'autre se détruise (1).

Si les partisans du principe d'autorité veulent être logiques, ils doivent considérer comme la forme la plus parfaite de l'autorité cet idéal de la théocratie de toutes les époques, ce rêve de Mahomet, de Grégoire VII

---

(1) Le pape et l'empereur sont tout. Rien n'est
[sur terre
Que pour eux et par eux. Un suprême mystère
Vit en eux ; et le ciel dont ils ont tous les droits,
Leur fait un grand festin des peuples et des rois,
Et les tient sous sa nue, où son tonnerre gronde,
Seuls, assis à la table où Dieu leur sert le monde.

. . . .
Le monde au-dessous d'eux, s'échelonne et se
[groupe.
Ils font et défont. L'un délie et l'autre coupe.
L'un est la vérité, l'autre est la force. Ils ont
Leur raison en eux-mêmes et sont parce qu'ils sont.

Quand ils sortent, tous deux égaux, du sanc-
[tuaire,
L'un dans sa pourpre, et l'autre dans son blanc
[suaire
L'univers ébloui contemple avec terreur
Ces deux moitiés de Dieu, le pape et l'empereur.

(Victor Hugo. *Hernani*).

et de Jean de Leyde : « le Pape, Roi universel de la terre ; » Christ associé à Néron, idéal en partie réalisé en plein dix-neuvième siècle par le Czar, à la fois pape et empereur de toutes les Russies, tenant d'une main le crucifix et de l'autre le sabre, et par l'empereur de toutes les Turquies, abritant son yatagan sous le croissant d'Allah.

Ce rêve, il a été celui de tous les grands papes et de tous les grands empereurs. Les uns comme les autres, l'autorité civile comme l'autorité religieuse, ont toujours prétendu au même absolutisme, à la même infaillibilité et ont usé des mêmes violences pour s'imposer aux peuples soigneusement maintenus dans l'impuissance physique et l'anémie intellectuelle qui fait les esclaves obéissants (1).

A cet égard encore, il n'est pas d'exemple plus intéressant à étudier que celui de notre premier empire.

Le pape avait bien, il est vrai, déposé lui-même la couronne sur le front de l'empereur ;

_____

(1) Dans la séance du Sénat du 25 novembre 1878, M. de Kerjégu défendant, au nom des droites cléricales, les instituteurs congréganistes qui remplacent la science par le catéchisme, disait à M. Dufaure : « Vous ne permettrez pas que l'on continue à persécuter les instituteurs propagateurs des seules idées qui font le peuple soumis aux lois, *facile à gouverner.* »

il avait, au nom de Dieu, consacré sa puissance, acquise au prix d'un crime, mais le despote n'était pas tranquille encore. Avoir Dieu pour lui pouvait n'être pas suffisant. Il se rencontrerait peut-être des gens assez hardis pour contester la légitimité de son pouvoir, pour en critiquer l'origine et se souvenir du 18 brumaire (2). Quelques précautions pouvaient être nécessaires.

---

(2) Les *Mémoires* du prince de Metternich dont nous avons parlé plus haut, contiennent, au sujet de l'opinion qu'avait de sa propre autorité Napoléon 1er, un passage plein du plus haut intérêt.

« Un de ses regrets les plus vifs et les plus constants était de ne pas pouvoir invoquer ls principe de la légitimité comme base de sa puissance. Peu d'hommes ont plus profondément senti que lui combien l'autorité, privée de ce fondement, est précaire et fragile, et combien elle prête le flanc aux attaques. Toutefois, il ne manquait aucune occasion pour protester envers moi, avec empressement, contre ceux qui pourraient s'imaginer qu'il occupait le trône en qualité d'usurpateur. « Le trône de France, m'a-il dit plus d'une fois, était vacant. Louis XVI n'a pas su s'y maintenir. Si j'eusse été à sa place, la révolution — malgré les progrès immenses qu'elle avait faits dans les esprits sous les règnes précédents — ne se serait jamais consommée. Le roi tombé, la République s'est emparée du sol de la France ; c'est elle que j'ai déplacée. L'ancien trône était enseveli sous ses décombres ; j'ai dû en fonder un nouveau. Les Bourbons ne sauraient régner sur cette création ; ma force

L'empereur prit un homme, déposa sur sa tête une toque brodée d'or, couvrit ses épaules d'une robe fourrée d'hermine, l'introduisit dans une grande salle, au fond de laquelle se dressait un Christ sanglant sur sa croix, plaça l'homme sur une estrade, le fit asseoir dans un vaste fauteuil et lui dit : « Tu feras comparaître devant toi tous ceux qui se montreront irrespectueux envers ma personne ou mon autorité, tous ceux qui nieront que je suis le maître *légitime* de la France, tous ceux dont la plume sera trop aiguë ou la langue trop acerbe, tous ceux qui attaqueront la Religion ou l'Empire, tous ceux qui conspireront contre l'autorité de l'une ou l'autre. Tu leur infligeras l'amende, la prison ou la mort, selon ta volonté, au nom de la Loi. »

---

consiste dans ma fortune ; je suis nouveau comme l'empire ; il y a donc entre l'empire et moi, homogénéité parfaite. »

« Cependant, j'ai souvent pensé qu'en s'exprimant ainsi, Napoléon ne cherchait qu'à s'étourdir ou à dérouter l'opinion, et la démarche directe qu'il fit envers Louis XVIII, en 1804, semble confirmer ce soupçon. Me parlant un jour de cette démarche, il me dit : « La réponse de Monsieur était noble, elle était pleine de fortes traditions. Il y a dans les *légitimes* quelque chose qui ne tient pas au seul esprit. Si Monsieur n'avait consulté que son esprit, il se serait arrangé avec moi et je lui aurais fait un sort magnifique. »

La magistrature impériale était inventée. Excellente institution sans doute, car jusqu'à ce jour elle a été soigneusement conservée ; et nos maîtres de demain ne songent pas plus que ceux d'hier ou d'aujourd'hui à se priver de ses services !

Mais, le magistrat pouvant être insuffisant, l'Empereur a recours pour faire respecter ses volontés à des moyens un peu plus efficaces. Il s'entoure d'une forte armée permanente ; armée de prétoriens devenus inhabiles aux travaux des champs et de l'atelier, soumise à un genre de vie qui, de l'homme le plus indépendant, ne tarde pas à faire l'esclave le plus docile, toujours prête à frapper, au premier geste du maître, sur la masse désarmée du peuple, armée forte contre la nation, faible contre l'ennemi.

Ayant pour lui Dieu, la magistrature et l'armée, la justice et la force, la loi et le glaive, l'Empereur ne se trouva pas encore satisfait. Obligés de se taire, ses sujets pouvaient encore penser. La tribune publique et la presse étant brisées, il pourrait encore subsister quelque penseur rebelle qui, d'un geste, d'un regard, entretiendrait les ardeurs comprimées des enthousiastes de la liberté. Pour que l'œuvre fût complète, il fallait supprimer la pensée.

Dans les budgets du premier empire, pas un centime ne fut inscrit pour l'instruction primaire. Napoléon savait bien que l'ignorance et l'esclavage sont aussi inséparables que la science et la liberté.

Il organisa, il est vrai, l'enseignement supérieur et créa l'Université, mais il eut soin de prendre contre elle quelques précautions. Les colléges furent des casernes ; les facultés des camps et les académies des harems. L'enseignement fut partout soumis à une discipline et à une centralisation auxquelles l'armée n'avait rien à envier. On n'enseigna que ce qu'il plut à l'Empereur qui fût enseigné. Un mot de Cuvier est resté célèbre : comme on lui demandait pourquoi il n'adoptait pas certaine théorie scientifique qui faisait grand bruit, il répondit : « L'Empereur ne le veut pas. »

Ne croyez pas, Messieurs, que depuis cette époque les choses aient beaucoup changé. Un homme qui sans doute sera ministre un jour, parlait, il y a peu de temps, à la tribune de la Chambre, de la « morale de l'Etat », et l'on a attribué à l'un de nos ministres actuels cette parole qui, si elle a été prononcée, se passe de tout commentaire : « l'Etat est maître de la science, comme l'Eglise est maîtresse du dogme. »

C'est que, Messieurs, il n'y a pas deux moyens d'être autoritaire et d'exercer l'Autorité.

Il n'y a pas non plus que les empereurs

qui rétablissent l'ordre à coups de fusil.

Si l'archevêque Sibour, après le crime du 2 Décembre, a fait retentir les voûtes de Notre-Dame, de son *Te Deum*, et béni le criminel dont les mains étaient encore couvertes de sang, vous n'avez pas oublié que, vingt ans plus tard, un autre *Te Deum* était chanté dans les églises, tandis que les chassepots et les mitrailleuses jonchaient de cadavres les pavés de la capitale.

Les prêtres sont toujours disposés à chanter les louanges de leur Dieu d'amour et de miséricorde quand la force fait couler le sang au nom de l'Autorité.

Quant à M. Thiers, il avait à son tour sauvé l'ordre et la société.

Examinons avec l'œil calme de l'histoire ces tristes événements.

Le peuple de Paris, après un siége héroïque, a traîné sur les hauteurs de Montmartre des canons sur lesquels il ne veut pas que puissent tomber les regards ironiques du vainqueur. Puis, l'ennemi parti, il a presque oublié ces canons ; c'est à peine s'il songe à les garder ; avant peu sans doute il les rendra à leurs maîtres légitimes ou les laissera prendre sans opposer aucune résistance (1). Mais M.

---

(1) « Il est certain, dit le général d'Aurelle, dans sa déposition devant la commission d'en-

Thiers tient à montrer sa force. Comme Louis XIV, il ne saurait attendre. Et le matin du 18 mars, Paris, en s'éveillant, voit ses rues et ses boulevards remplis de soldats. Les hauteurs de Montmartre sont couvertes de troupes qui viennent chercher les canons. Le peuple s'y précipite. L'insurrection est née. Les soldats se souviennent qu'ils sont français, et, à l'ordre de tirer sur le peuple donné par le général Lecomte (1), ils répondent en levant la crosse en l'air. L'insurrection est maîtresse de la ville.

---

quête parlementaire sur le 18 mars, que le service qu'il fallait faire autour des pièces d'artillerie fatiguait et ennuyait les bataillons de Montmartre ».

Le 11 mars, grâce aux efforts de M. Clémenceau, maire de Montmartre, le 61ᵉ bataillon de Montmartre, celui qui était chargé de la garde des canons, fait publier par les journaux une déclaration dans laquelle on lit. « ... Nous croyons nécessaire de rappeler que les canons n'ont été placés sur la butte Montmartre que pour les soustraire aux Prussiens d'abord et ensuite pour ne pas les laisser à l'abandon. Le 61ᵉ bataillon, certain d'être en cela l'interprète du sentiment de toute la garde nationale du XVIIIᵉ arrondissement, *offre de rendre sans exception* les canons et les mitrailleuses à leurs véritables propriétaires *sur leur réclamation* ».

(1) Voyez FIAUX, *Histoire de la guerre civile de 1871*, p. 67.

Que va faire M. Thiers? Ni le sang du soldat ni le sang de l'ouvrier n'avaient encore coulé; deux meurtres isolés avaient seuls été commis; le peuple, inopinément soulevé, n'avait pas de chefs reconnus; l'insurrection n'avait pas de but; il était temps encore de l'arrêter; on pouvait, par quelques concessions, ramener la tranquillité dans les esprits et le calme dans les rues. Mais cela ne faisait point l'affaire du petit bourgeois qui, en arrivant au pouvoir, avait eu pour première préoccupation de *soumettre* Paris (1). Il réunit le

---

(1) « Son éloignement de Paris, dit M. Fiaux dans sa remarquable *Histoire de la guerre civile de 1871*, le disposait mal à comprendre la situation de la capitale. Le 31 octobre qu'il vit, la prolongation de la lutte qu'il désapprouva, ôtèrent à son jugement une partie de sa rectitude. Il avait été pendant la Défense l'âme inconsciente de la conspiration de paix à tout prix qui paralysa l'effort national; après la capitulation, ses préventions augmentèrent: il traversa, le cœur troublé, Paris et ses rues bruyantes et perdit bientôt tout sang-froid; d'incompétent il devint vite partial, et, de retour à Bordeaux, la distance rendant plus complètes encore les erreurs d'optique, il ne vit plus dans la douleur généreuse, dans la patriotique colère de Paris que l'insurrection d'une « foule furieuse », seulement justiciable de la force. Sans cesse assailli par de mensongers rapports, il n'eut bientôt qu'une idée fixe: celle d'un grand combat à livrer, et tout entier à ce sentiment, il aida à propager officiellement par ses télégrammes les calomnies

conseil des ministres et émet l'avis d'abandonner la capitale en entraînant l'armée et
l'administration tout entière.

Quitter la capitale dans un moment aussi
terrible, c'était livrer deux millions d'habitants
à tous les hasards de l'inconnu, à tous les
caprices du premier comité insurrectionnel
qui s'emparerait de la place laissée vide par
le gouvernement. Aujourd'hui, ce n'était que
l'insurrection, demain ce serait la guerre
civile. Ces considérations n'eurent aucune
prise sur l'esprit de M. Thiers. Il ne songea
pas à Paris, il ne se préoccupa que de « l'Assemblée de malheur » qui, après avoir tenu

---

dont la réaction l'aveuglait. Cette ignorance, ce
plan funeste apparaissaient d'ailleurs derrière
chacun des actes de son gouvernement, et *lui-
même a prononcé, dans sa déposition,* ces paroles significatives : « Quand je fus chargé des
affaires, j'eus immédiatement cette double préoccupation, conclure la paix et *soumettre Paris.* »
« Le 17 Mars, continue M. Fiaux, M. Thiers
réunit le Conseil; à tous les ministres s'étaient
joints le maire de Paris, M. J. Ferry, le général
Valentin, préfet de police, et les généraux Vinoy
et d'Aurelle. M. Thiers ouvrit la séance en dé-
clarant que le moment de l'action était venu, que
l'on devait tenter le combat et chercher à enlever l'artillerie à tout prix. « Nous sommes, dit-
il, à un de ces jours *où il faut tout risquer,* où
il faut marcher *coûte que coûte* ; les canons
doivent être pris avant l'arrivée de l'Assemblée. »
(*Déposit. du Général Vinoy* et *l'Armistice et la
Commune,* p. 218 et pass.)

ses premières séances à Bordeaux, était venue s'établir à Versailles et devait jusqu'au bout de sa carrière se refuser obstinément à rentrer dans Paris, et ne montrait d'autre préoccupation que d'enlever à la ville héroïque sa couronne de capitale. Les ministres hésitant à suivre ses conseils, M. Thiers les presse de tous les argumens qu'il peut invoquer et finit par les convaincre. Il y a là, messieurs, un acte si grave qu'il me paraît nécessaire de céder la parole à M. Thiers et de laisser exposer par lui-même les motifs qui le guidèrent dans une détermination qui devait être suivie de deux mois de la plus affreuse guerre civile qui ait ensanglanté notre pays.

« J'étais à l'état-major avec le général Vinoy, dit M. Thiers (1), quand il arriva un premier officier nous annonçant que tout allait bien. Mais, plus tard, d'autres officiers nous arrivèrent fort tristes et nous sentîmes que la situation devenait embarrassante. C'est alors que je fus frappé d'un souvenir, le souvenir du 24 février. J'étais depuis fort longtemps fixé sur ce point, que si nous n'étions pas en force dans Paris, il ne fallait pas y rester. Au

---

(1) *Enquête parlementaire sur l'insurrection du 18 mars,* tome II. Dépositions des témoins ; Déposition de M. Thiers, p. 12.

24 février, le roi m'avait demandé, lorsque les choses avaient pris une mauvaise tournure, ce qu'il y avait à faire. Je lui répondis *qu'il fallait sortir de Paris pour y rentrer avec le maréchal Bugeaud et cinquante mille hommes.* Le parti que je proposais au roi fut discuté, mais point accepté. On rappela que les Bourbons, que les Bonaparte eux-mêmes étaient sortis de Paris et n'avaient jamais pu y rentrer ; et on en avait conclu qu'il ne fallait jamais en sortir. Ce souvenir m'était resté dans la mémoire ; et, en outre, je me rappelais l'exemple du maréchal de Windischgraetz qui, après être sorti de Vienne, y était rentré victorieusement quelque temps après. Je dis au général Vinoy : « Il est clair que nos troupes vont être submergées dans cette foule. Emmener les canons est impossible (1), les mouvements de l'armée étant aussi entravés qu'ils le sont. Tirons nos troupes du chaos où elles sont plongées et faites-les revenir vers le ministère des affaires étrangères. »

---

(1) M. Thiers, dans la même déposition, raconte que, la veille du 18 mars, il avait dit au général Vinoy : « Il ne faut pas faire cela en présence de tout Paris assemblé, mais de grand matin. Nous ferons sortir les troupes à trois heures, pour qu'à cinq heures elles soient au pied des hauteurs et qu'elles puissent les enlever avec vigueur *coûte que coûte*, ensuite atteler les canons et les emmener. »

Le gouvernement était réuni en ce moment à l'hôtel de ce ministère. Beaucoup de personnes étaient accourues, et chacune donnait son avis. Je réunis mes collègues dans la salle du Conseil, où nous pûmes délibérer seuls avec nous-mêmes. Là, je n'hésitai point, je me rappelais le 24 février, mon parti était pris ; je l'annonçai. *Cette déclaration provoqua de graves objections.* Le 24 février, je n'avais pas pu réussir, mais ce jour-là je triomphai des objections, grâce au bon sens et au courage de mes collègues. Le général Vinoy me dit : « Je suis soldat, commandez ! — Faites, lui dis-je, retirer vos troupes derrière la Seine et occuper tous les ponts. On ne passera pas la Seine devant vous ». Il était midi, nous étions là depuis cinq heures du matin ; le temps s'écoulait. Je réitérai au général Vinoy *l'ordre de se replier avec ses troupes derrière la Seine.* » Plus loin, M. Thiers ajoute : « Après une discussion approfondie, *je pris sur moi de décider la question, et je donnai l'ordre au général Vinoy de sortir de Paris avec ses troupes.* Quant à moi, je *précédai* le général Vinoy de quelques instants..... Je partis pour Versailles ».

Lorsque, deux mois plus tard, la ville fut conquise, lorsque M. Thiers put se dire qu'il avait, le premier, pris de force les remparts qu'il avait lui-même fait élever, on livra à la colère du soldat une population affolée. Vingt mille hommes, femmes ou enfants tombèrent sous les balles des chassepots et des mitrailleuses de l'armée française. Puis on contraignit nos officiers, les vainqueurs de la veille, à juger ceux des vaincus qui avaient échappé à la mort.

Tristes événements, en face desquels la patrie ensanglantée se voile la face sans chercher à savoir quels sont ceux de ses enfants qui ont accumulé le plus de torts, et qui pourraient être résumés en deux mots : Respect à l'autorité !

Respect à l'autorité ! dût Paris être, dans la lutte, détruit de fond en comble.

Respect à l'autorité ! c'est-à-dire soumission de la grande ville aux volontés d'un homme qui ne veut pas attendre que le temps ait calmé les passions ardentes d'une population surrexitée par un long siége héroïquement supporté, suivi d'une capitulation honteuse.

Respect à l'autorité ! c'est-à-dire soumission à une assemblée tellement impopulaire qu'elle craint d'être enlevée par la garde nationale bourgeoise de Bordeaux et que, dans la ville la plus calme de France, elle est obligée de se faire garder par les régiments de l'armée régulière.

L'autorité des rois n'est pas la seule qui s'impose par la force.

Et l'esprit des hommes est ainsi fait que, quelques années plus tard, les cris mille fois répétés de « vive Thiers », poussés par un million de parisiens, feront vibrer les pavés encore rouges du sang qu'il a fait verser.

Et tandis que les chassepots et les mitrailleuses imposaient le respect de l'Autorité à la capitale vaincue, les prêtres chantaient leurs *Te Deum* ! Toujours l'alliance de l'Eglise et de l'Etat.

Cette alliance, elle a encore éclaté à tous les yeux pendant les jours néfastes qui ont suivi le coup d'État parlementaire du 16 Mai, alors que le gouvernement de la France était livré à tous les caprices des curés et de leurs pénitentes.

Elle existe encore aujourd'hui, et elle existera plus ou moins étroite tant que la République sera entre les mains des autoritaires.

Ainsi, d'un bout à l'autre de l'histoire de l'humanité, le pouvoir civil et le pouvoir religieux, l'Etat et l'Eglise se montrent à nous comme deux formes d'un même principe, le Principe d'Autorité ; deux forces agissant à l'aide du même levier, Dieu. Malgré les luttes qui existent entre eux, malgré les jalousies qui tendent à les diviser, nous les voyons toujours s'unir pour refuser aux hommes les droits primordiaux qu'ils ont reçus de la nature.

Ayant résolu, l'histoire à la main, les premières questions que nous avions posées au début de cette conférence ; sachant que l'origine du *pouvoir civil* est dans la force de quelques-uns et la faiblesse de tous les autres, que celle du *pouvoir religieux* est dans l'habileté du petit nombre et la sottise de la masse ; sachant que, pour assurer sa puissance, le pouvoir civil a toujours été contraint d'appeler à son aide le pouvoir religieux auquel, de son côté, il prête un appui vigoureux ; sachant enfin que la force brutale de l'Etat et l'habileté mensongère de l'Eglise se sont toujours unis pour créer un despotisme auquel ne peuvent résister ni la faiblesse ni l'imbécillité du peuple, il nous sera facile de résoudre la dernière question qui nous reste à traiter, celle des rapports qui doivent désormais exister entre l'Eglise et l'Etat et des limites dans lesquelles l'un et l'autre pouvoir doivent être enfermés.

Le premier but à atteindre est sans contredit la séparation des deux pouvoirs, civil et religieux. Mais si l'homme désire s'affranchir de l'autorité de l'un et du despotisme de l'autre, il ne suffit pas qu'il les sépare, il faut encore qu'il les affaiblisse dans une mesure telle qu'ils ne puissent plus attenter à sa liberté et à ses droits individuels.

La séparation de l'Eglise et de l'Etat n'est qu'un premier pas à faire vers l'organisation politique d'une société véritablement républicaine, c'est-à-dire ayant pour base l'autonomie de l'individu et pour lien indissoluble et instrument de perfectionnement, l'association et la solidarité de tous les intérêts individuels.

Ce premier pas ne pourra être fait que le jour où tout homme sera assez instruit pour ne plus s'incliner devant les dogmes et les lois de l'Eglise et pour ne plus obéir à l'Etat que dans la mesure de son propre intérêt sagement entendu ; il ne sera fait que le jour où l'homme ne verra plus dans l'Eglise qu'une imposture, et dans l'Etat, tel qu'il a existé jusqu'à ce jour, qu'un abus de la force.

L'Etat et l'Eglise ne pourront être définitivement et irrémédiablement séparés que lorsqu'ils seront l'un et l'autre jugés à leur propre valeur ; que le jour où le peuple suffisamment instruit, ne croyant plus au Dieu qu'ils prétendent représenter sur la terre, les considérera l'un et l'autre comme des usurpations.

Ce jour là, la puissance de l'Eglise s'écroulera devant la science, et le pouvoir de l'Etat sera tellement affaibli qu'il ne sera plus un danger pour la liberté.

Pour atteindre ce double but, deux choses sont nécessaires : donner à l'homme l'instruction et, en même temps, lui donner la force : l'instruction pour qu'il ne s'incline plus devant l'erreur et le mensonge, la force pour qu'il puisse résister à toutes les atteintes qu'un pouvoir quelconque pourrait être tenté de porter à ses droits individuels.

Est-ce dans cette voie que marche notre République autoritaire ?

Tandis que les écoles manquent presque partout, que dans Paris seulement plus de vingt mille enfants ne peuvent y être admis, faute de place (1) ; tandis que les instituteurs ont à peine de quoi vivre ; tandis que notre enseignement secondaire est encore enveloppé des langes de la scolastique; tandis que notre enseignement supérieur, étouffé par la centralisation impériale, se meurt ; tandis que des milliers et des milliers d'électeurs sont incapables de lire le bulletin de vote qu'ils déposent dans l'urne, la République verse chaque année, dans les caisses de l'E-

---

(1) Voir le Rapport de M. Gérard, Directeur de l'enseignement primaire à la préfecture de la Seine, présenté au Conseil municipal de Paris, à l'occasion de l'Exposition universelle de 1878. Il donne des détails du plus haut intérêt relativement aux besoins de l'instruction publique dans la ville de Paris qui cependant a fait, depuis dix ans, des sacrifices énormes pour mettre à la disposition du plus grand nombre possible d'enfants les ressources de l'instruction primaire.

glise, plus de cinquate millions (1) et loge dans des palais somptueux des hommes qui n'ont d'autre titre à ses largesses que leur préten- tion d'être les agents ministériels d'un Dieu qu'ils sont incapables de connaître et auquel ils ne croient souvent pas plus enx-mêmes que ceux qui les payent.

Quel service rendent à la nation les prêtres des diverses religions salariées par l'Etat ? Comment l'Etat pourrait-il justifier des innombrables priviléges qu'il leur accorde ?

Ne se livrant à aucun travail utile, ne fré- quentant que pour les bénir le champ du laboureur et l'atelier de l'ouvrier, ils ne peu-

---

(1) Depuis le commencement de ce siècle, le budget des cultes a suivi une marche ascen- dante qui nous paraît être fort peu en harmonie avec les progrès relatifs des croyances reli- gieuses. On peut, sans aucune témérité et sans craindre le risque de se tromper, affirmer que depuis 80 ans les religions ont vu, chaque jour, diminuer le nombre de leurs fidèles. Les enfants non baptisés sont de plus en plus nom- breux ; les enterrements civils sont devenus tel- lement fréquents que dans les grandes villes on n'y prête plus aucune attention ; il en est de même des mariages civils.

Cependant, tandis que le nombre des croyants diminue, le chiffre du budget des cultes aug- mente. En 1828, sous le règne du roi très-chré- tien Charles X, il était de 32 millions. En 1846, sous le roi voltairien Louis-Philippe Ier, il a déjà augmenté ; il est de 39 millions. En 1870, à la

vent prétendre qu'ils contribuent à augmenter la richesse de la nation ; n'allant sur les champs de bataille que pour y donner leur absolution aux mourants, ils ne peuvent dire qu'ils défendent les frontières de la patrie ; se condamnant à un impuissant célibat, ils ne prennent part ni à la propagation, ni au perfectionnement de l'espèce, et n'ayant pas les soucis de la famille, ils ne peuvent que par une sorte de dérision s'en proclamer les défenseurs ; ignorants de tout, sauf de choses surnaturelles auxquels ils ne comprennent rien, et remplaçant partout la raison par la foi, ils ne peuvent prétendre qu'ils

---

fin du règne de l'empereur des orgies de Compiègne, Napoléon III, il s'était élevé à 49 millions. En 1877, sous le règne de la République autoritaire dont le clergé feint de se plaindre, il s'était encore accru et était de 52 millions par an.

Il résulte évidemment de ces faits que le budget des cultes est de plus en plus à la charge des gens qui ne font pas usage des religions. Il est donc facile de comprendre pourquoi les croyants sont si opposés à la séparation de l'Eglise et de l'Etat. Lorsque l'Etat ne paiera plus les religions, lorsque tous les frais de ces religions incomberont à ceux qui les pratiquent, le chiffre du budget des différents cultes diminuera incontestablement dans une proportion d'autant plus forte que bien des gens ne font usage des temples que parce qu'on les met gratuitement à leur disposition.

contribuent au développement de l'intelligence humaine. Leur seule fonction consiste à propager des dogmes que chaque secte considère comme des vérités immuables, mais que toutes les autres tournent en ridicule et combattent sans pitié ; si bien qu'il nous est permis, à nous, de considérer toutes ces sectes comme n'ayant d'autre valeur que celle qu'elles s'accordent réciproquement, et les dogmes de chacune que comme des erreurs grossières ou d'habiles impostures.

Et c'est pour qu'ils puissent à leur aise propager ces erreurs que l'Etat leur donne cinquante millions par an et leur accorde des priviléges illimités.

Tout citoyen vivra à la sueur de son front; tout libre-penseur devra prendre sur le travail nécessaire à l'entretien de sa famille, les quelques heures qu'il consacrera à la propagation d'idées qu'il puise dans la science ; il paiera de ses derniers ou devra faire payer par ses auditeurs la salle dans laquelle il parle, la tribune à la quelle il monte, tandis que le prête sera payé par l'Etat pour vivre dans une douce oisiveté et pour parler au nom de l'erreur du haut d'une chaire somptueuse, dans un temple magnifique, élevé par ceux qu'il combat.

Le travail du libre-penseur servira à payer la paresse des prêtres.

La propagande du premier sera suivie de l'amende ou de la prison. Celle du second sera protégée par les lois, et le prêtre pourra, sans rien avoir à redouter, exploiter à sa guise l'ignorance du peuple, entretenue par lui avec un soin jaloux.

Le livre du libre-penseur sera traité comme un poison dangereux, tandis que le prêtre pourra publiquement vendre son eau de Lourdes, comme un remède à tous les maux.

Tandis que l'Etat poursuit impitoyablement les citoyens qui, pour augmenter leurs forces individuelles, cherchent à les mettre en commun et veulent associer leurs intérêts et leurs fortunes, il tolère et favorise la constitution de congrégations et d'associations religieuses de toutes sortes dont la base est la ruine même de la famille, de la fortune privée et de la société.

Comment l'ignorant ne serait-il pas facilement trompé par le prêtre qui se montre à ses yeux soutenu par la main toute puissante de l'Etat ? Comment pourrait-il, dans cet homme payé par l'Etat, honoré par l'Etat, appelé par l'Etat à faire partie des conseils les plus importants de la nation, respecté par l'Etat à légal presque de son Dieu ; comment, dis-je, l'ignorant pourrait-il ne voir dans cet homme que ce qu'il est réellement, c'est-à-dire un adroit diseur de sornettes et vendeur d'orviétan, qui, pour éviter les charges de son sexe, s'est rasé le crâne, s'est fait une face glabre, s'est couvert d'une robe de femme, vit sans rien faire, et, lorsque la guerre éclate, reste a confesser — quand il ne cherche pas à les séduire — les femmes et les enfants des hommes qui se font égorger pour la défense de sa vie et des 50 millions que lui rapporte son facile métier.

La séparation de l'Eglise et de l'Etat ne serait qu'un leurre, une simple duperie, si l'Etat en se séparant de l'Eglise n'enlevait à cette dernière, avec les millions qui la font vivre, les priviléges monstrueux dont elle jouit.

Il ne suffit pas de proclamer la séparation de l'Eglise et de l'Etat ; il ne suffit pas même de supprimer le budget des cultes ; il faut encore — et cette réforme est celle qu'à mon avis il importe le plus d'accomplir — il faut enlever au prêtre son caractère officiel. Il faut l'assimiler aux autres hommes. Il faut, en lui accordant les mêmes droits qu'aux autres citoyens, lui imposer les mêmes devoirs et les mêmes charges. Il faut exiger son obéissance aux mêmes lois.

Plus de presbytères, plus d'églises mis gratuitement à la disposition du prêtre par des communes qui, parfois, ne peuvent ni entretenir un instituteur ni construire une école.

Que le prêtre paye la maison dans laquelle il se loge, qu'il paye le temple dans lequel il réunit ses adeptes, la chaire du haut de laquelle il leur parle, le confessionnal dans lequel il sonde leurs consciences et surprend leurs pensées les plus secrètes, l'autel où il pontifie, le tabernacle dans lequel il enferme son Dieu. Qu'à l'exemple de l'ouvrier et du laboureur, du croyant et du libre-penseur, il soit astreint à l'impôt et au service militaire.

Libre à lui, d'ailleurs, lorsqu'il aura rempli ses devoirs de citoyen, de s'ériger, à ses risques et périls, en ministre de quelque religion plus ou moins en désaccord avec la raison et la science, et de courir après les consciences et la bourse des naïfs qui voudront bien prêter l'oreille à ses discours.

Il ne suffit pas de dire, avec nos autoritaires, que « le cléricalisme c'est l'ennemi » ; il faut encore exposer aux yeux de tous sa véritable nature ; il faut arracher le masque qui couvre son visage ; il faut l'appeler de son vrai nom et montrer au peuple ce qu'il est, un imposteur exploitant la foi irréfléchie de l'ignorant en une puissance surnaturelle qui n'est entre ses mains qu'un instrument de domination.

Cela, l'État ne le fera peut-être jamais, car

en affaiblissant l'Eglise il détruirait une partie de sa propre puissance (1).

La science seule pourra vaincre l'Eglise, comme seule elle pourra vaincre l'Etat autoritaire, parce que seule elle peut montrer que l'Eglise ne repose sur aucune base sérieuse (2) et que l'Etat n'a d'autre raison d'existence que l'abus de la force.

---

(1) Comment espérer que nos autoritaires essayent jamais de lutter sérieusement contre l'Eglise et de supprimer les priviléges du clergé, alors que nous les entendons se déclarer pour le maintien du Concordat, c'est-à-dire d'un acte qui est la reconnaissance formelle de la puissance de l'Eglise.

En traitant avec l'Eglise catholique de puissance à puissance, au nom de la République française, le Premier Consul accordait à l'Eglise ce qu'il importe le plus à toute religion d'obtenir: la consécration officielle de son caractère sacré.

En donnant au pape Pie VII le titre de « Sa Sainteté », le Premier Consul semble ignorer que la France possède de nombreux juifs et protestants aux yeux desquels le pape n'est que le chef d'une religion fausse et par conséquent une sorte d'imposteur.

---

(2) Si nous voulions traiter l'Eglise avec tout le sérieux qu'elle mérite, nous pourrions dire qu'elle-même avoue n'avoir d'autre base qu'un jeu de mots. N'est-ce pas elle qui prête à son fondateur cette parole : « *Tu es Petrus et super hanc petram ædificabo ecclesiam meam* »: Tu es Pierre, et sur cette pierre j'édifierai mon Eglise.

Ne semble-t-il pas que l'Eglise se rende justice quand elle remplace, dans ses fondations, Dieu par un fort mauvais calembour.

C'est uniquement au nom de la science, c'est en invoquant les droits naturels que la science lui révèle comme étant sa propriété imprescriptible, que l'individu, après avoir reconnu la vanité des puissances surnaturelles, pourra se dresser en face des puissances humaines et revendiquer les libertés qui lui ont, de tout temps, été refusées par le pouvoir civil uni au pouvoir religieux, par l'Etat associé à l'Eglise.

Si la science suffit à montrer aux hommes la vanité des religions, si elle suffit à leur donner la connaissance exacte de leurs droits naturels et à leur apprendre dans quelle mesure ils ont toujours été violés par les gouvernements autoritaires, elle est impuissante à leur donner la jouissance de ces droits, à les arracher aux mains de l'Eglise et de l'Etat.

Avec notre organisation politique, le libre-penseur ne peut pas plus refuser la part des impôts qui sert à payer les Eglises, que le partisan de l'absolue liberté politique ne peut se permettre d'écrire ou de dire ce qu'il pense de l'organisation sociale et du gouvernement du pays qu'il habite. Ni l'un ni l'autre ne peuvent enfreindre les lois, si injustes soient-elles, qui protégent l'Eglise et l'Etat, sans encourir le risque de payer de leur liberté ou de leur fortune leur désobéissance à ces lois.

Pour se soustraire à la puissance de l'Eglise et à l'autorité de l'Etat, les hommes n'ont pu jusqu'à ce jour employer d'autre moyen que la révolte violente. A la force, ils ont dû toujours opposer la force.

Ce n'est certes pas moi qui oserais les en blâmer. Je me sens pris, au contraire, de la plus sincère et de la plus vive admiration pour les peuples qui ont eu le périlleux courage de secouer le joug de leurs maîtres, et je m'incline avec respect devant les superbes révolutions dont nos pères ont offert au monde le magnifique spectacle. Mais, je pense que les révolutions sont des luttes qu'il convient d'éviter, et que les libertés conquises par la force ont fait perdre à l'humanité trop de sang généreux. Je voudrais voir disparaitre les révoltes brutales comme les despotismes tyranniques.

Que faut-il pour cela? accorder à tous les hommes ce qui est leur indiscutable propriété: l'usage illimité de leurs droits naturels.

Que tout homme, après avoir reçu gratuitement la somme d'instruction qu'il est susceptible d'acquérir, soit mis en possession du droit qu'il a apporté en naissant, de dire tout ce qu'il pense, d'écrire tout ce qu'il veut, de se réunir à ses semblables et de s'associer à eux dans les conditions qu'il lui plaira de déterminer lui-même, qu'il soit mis en mesure de riposter par la force à quiconque voudrait user de la force à son égard, qu'il n'y ait plus dans une même nation deux peuples distincts, l'un armé, l'autre privé de toute arme, et nous ne redouterons plus ni les monarchies, ni les empires, ni les coups d'Etat, ni les révolutions qui en sont la légitime conséquence.

Permettez-moi, Messieurs, d'évoquer ici un souvenir personnel. Je m'étais souvent demandé pourquoi les votes du peuple Suisse sont toujours respectés par le gouvernement et pourquoi l'on ne voit se produire, dans ce petit pays, ni les coups d'Etat qui renversent la liberté, ni les révoltes qui la relèvent. Il y a quelques années, pendant un voyage que je fis en Allemagne et en Suisse, je trouvai la solution de ce problème.

Le jour où je franchis la frontière qui sépare au nord la Suisse de l'Allemagne, était un dimanche. A chaque station, des hommes nombreux montaient dans les wagons ou en descendaient. Tous étaient munis de fusils ; non pas de mesquins fusils de chasse, mais de bons et solides fusils de guerre, à tir rapide, du modèle le plus nouveau, et chacun portait à la ceinture une vaste cartouchière remplie de bonnes et belles cartouches de guerre. Ces hommes revenaient du tir, ou s'y rendaient.

Je compris pourquoi les votes de ces électeurs sont toujours respectés, et pourquoi nul président n'y tente de 18 Brumaire ou de 2 Décembre.

Le peuple a le suffrage universel. C'est bien. Mais il faut encore qu'il ait les moyens de faire exécuter ses votes.

Plus d'armées permanentes. Tous les citoyens également armés pour la défense de la patrie contre l'étranger et de la liberté contre les ambitieux, telle est la condition première du suffrage universel.

Mais il est d'autres conditions non moins indispensables au libre exercice du suffrage universel et dont une nation ne peut être privée sans que la nature et les résultats de ses votes courent le risque d'être faussés.

Ces conditions sont : la liberté absolue de la parole, la liberté absolue de la presse, la liberté absolue de réunion et d'association.

Tous les citoyens d'une nation ne pouvant se trouver du même avis sur les questions soumises à leur jugement et à leur vote, il y aura toujours, — quelque habiles que soient les moyens employés pour assurer la représentation de tous les intérêts, — il y aura toujours, dis-je, une majorité et une minorité.

Une majorité bâtissant les lois et construisant à son image le gouvernement du pays, autrement dit l'Etat, auquel la nation entière doit obéir, sans en excepter la minorité qui

n'a pris part ni à l'établissement des lois,
ni a la formation du pouvoir gouvernemental.

C'est donc une idée fausse que celle de
l'Etat envisagé comme représentant les
intérêts de tous. Il ne représente jamais que
les intérêts de la majorité ; et cette majorité
peut, nous en avons eu des exemples fréquents, ne tenir qu'à quelques voix, ou même
à une seule voix, dans les cas les plus graves.

Pour que la minorité n'ait aucune velléité
de résister à l'Etat, pour qu'elle obéisse doci-
lement aux lois, pour qu'elle respecte un
pouvoir qui existe en dépit de ses désirs et
de sa volonté, pour qu'elle ne soit pas tentée
de conquérir violemment la puissance publique, il faut qu'il lui soit permis d'espérer
devenir à son tour, et dans le plus bref délai
possible, la majorité.

Et, pour que la minorité conserve cette
espérance, il faut que la majorité lui concède
tous les moyens de répandre ses idées et
de se grossir. Il faut qu'elle puisse librement parler, librement écrire, librement se
réunir et s'associer.

Il faut, en un mot, que l'Etat se restreigne
au minimum d'autorité possible. Il faut qu'il
respecte l'autonomie de l'individu, l'autonomie de la commune, l'autonomie de toutes
les associations qu'il plaira aux citoyens de
former en vue de la défense de leurs intérêts.

Il serait inutile de demander tout cela à un Etat monarchique, à une royauté héréditaire, ou à un empire électif. Par leur nature même, ces gouvernements constituent des Etats autoritaires, c'est-à-dire opprimant le plus grand nombre au profit de quelques-uns.

On ne peut pas non plus le demander à une République autoritaire.

Dans une monarchie ou un empire, l'Etat c'est le roi ou l'empereur. Dans une République autoritaire, l'Etat c'est la majorité.

Seule, une République ayant pour règle suprême le respect absolu de l'autonomie individuelle, pourra concéder à tous les citoyens les droits qui sont la propriété naturelle de chacun d'entre eux.

Cette République, la seule qui soit digne du beau nom de République, j'ignore si nous aurons la joie d'assister à son aurore, mais si jamais elle s'établit, nul n'osera tenter de la renverser, nul ne pourrait, osât-il le tenter, parvenir à la détruire, parce qu'elle trouverait dans tout citoyen un défenseur intéressé.

Seule, cette République n'aura rien à craindre ni des coups d'Etat ni des insurrections.

Seule aussi elle pourra résoudre la grave question que nous venons de traiter et qu'il était réservé à notre siècle de science de poser. Seule, elle pourra, non-seulement séparer l'Eglise de l'Etat, mais encore supprimer les priviléges de l'Eglise et assister à son écroulement, en même temps que le rôle de l'Etat sera réduit à la protection des droits et de l'autonomie de chaque citoyen.

LETTRES SUR LE CONCORDAT

adressées aux lecteurs
de la « Gazette des Travailleurs »

———

Mes chers concitoyens,

J'aime à croire, dans mon amour-propre
d'auteur, que vous avez lu, sinon avec plaisir, du moins avec quelque attention, la conférence que j'ai faite à Chaumont le 16
novembre dernier, sur *la Séparation de l'Eglise
et de l'Etat*, et que notre ami, M. Roret, a tenu
à publier dans la *Gazette des Travailleurs*.

Si vous avez entendu ou lu cette conférence, vous avez dû trouver qu'il y manquait
quelque chose, que je n'avais pas suffisamment insisté sur la nature des rapports offi-
ciels qui existent actuellement entre l'Etat et
l'Eglise, entre la République française et le
pouvoir pontifical romain.

Je me suis moi-même adressé ce reproche ; mais, à moins de faire durer ma harangue aussi longtemps que les vêpres de votre curé, il m'était impossible d'entrer dans tous les détails de la vaste et importante question que j'avais à traiter. J'ai dû, comme dit le pasteur de vos âmes (je parle pour ceux qui en ont ou qui croient en avoir une), j'ai dû renvoyer à l'octave une partie de mon sermon.

C'est cette partie de la question de la Séparation de l'Eglise et de l'Etat que je compte vous offrir dans quelques lettres sur le Concordat.

La semaine de la Bible ayant duré des milliers de siècles, vous ne trouverez pas étrange, si vous ajoutez foi aux récits des livres saints, que mon octave ait pu durer deux mois, et vous traiterez avec quelque indulgence mon involontaire retard.

Le moment me paraît particulièrement favorable pour une étude sérieuse du Concordat, des décrets qui le complètent, des conditions dans lesquelles il a été conclu entre la France et Rome et des résultats qu'il a eus sur la marche des affaires politiques et sociales dans notre pays.

Nos gouvernants d'aujourd'hui et ceux de demain me paraissent en effet, n'avoir pas d'autre objectif que l'exécution du Concordat ; ils se montrent sans cesse préoccupés de la constitution d'une Eglise de France, tandis que depuis longtemps déjà le clergé français, qui exécute fort mal les clauses du Concordat, ne cesse de crier à la persécution.

A entendre les plaintes des évêques, reproduites, comme par autant d'échos, dans les chaires des moindres communes, notre époque serait plus farouche que celle des Néron et des Dioclécien ; l'Eglise serait asservie ; le culte ne serait plus libre ; la religion serait en danger ; la vie même des prêtres ne serait pas à l'abri du péril, et les libres-penseurs ne songeraient à rien moins qu'à faire fondre la graisse des diacres et des chanoines, des jésuites et des dominicains, des cardinaux rouges et des archevêques violets, pour en fabriquer des chandelles, tandis que leurs os serviraient à faire du noir animal.

Il se touve peut-être parmi vous quelques hommes au cœur tendre qui, sans croire à la persécution, se laissent cependant apitoyer par les larmes et les plaintes des prétendues victimes de la libre-pensée. A ceux-là, la lecture et l'étude du *Concordat* ne sera pas inutile.

Analysons donc avec soin cette célèbre convention ; passons en revue successivement chacun de ses articles. Mais auparavant rappelons-nous dans quelles conditions elle fut imaginée et quelles en ont été les conséquences immédiates ou lointaines.

Peut-être arriverons-nous ainsi à nous convaincre que les prétendus persécutés sont au contraire comblés de tels priviléges qu'il peuvent être à bon droit considérés comme les citoyens les plus favorisés de notre République.

Peut-être aussi trouverons-nous alors que les louanges décernées, il y a quelques jours, au ministère actuel, par M. le duc de Broglie, au sujet du respect que le dit ministère déclare professer pour le Concordat, doivent inspirer plus de défiance aux libres-penseurs qu'aux ministres de la religion catholique, apostolique et romaine.

« Toutes les fois, disait M. le duc de Broglie, dans la séance du 24 janvier 1880, que nous demandons au gouvernement quelle est la règle qu'il compte suivre dans les rapports de l'Eglise avec l'Etat, sa réponse uniforme est toujours que cette règle, il la puise dans le Concordat de 1802, qu'il entend le respecter lui-même et le faire respecter scrupuleusement. »

Et M. de Broglie ajoutait : « Oui, le Concordat est une œuvre excellente, une œuvre de hardiesse et de génie, peut-être la plus grande de l'homme de génie qui l'a signée, celle qui dépasse toutes ses victoires et qui fera absoudre devant la postérité beaucoup de ses fautes, de ses excès et de ses erreurs. «

Est-ce que cette glorification enthousiaste du Concordat, faite par M. le duc de Broglie, par l'auteur du coup d'Etat clérical du 16 Mai, par le premier ministre du gouvernement des curés, par l'homme qui cherchait à Berlin une alliance pour rétablir la monarchie, ne vous inspire pas déjà quelque idée de ce que peut être la convention qui régit encore les rapports de l'Eglise et de l'Etat ?

Est-ce que vous ne soupçonnez pas que cette convention doit être plus avantageuse pour les gens qui disent la messe que pour ceux qui l'écoutent ; pour les confesseurs que pour les confessés, pour les pasteurs que pour les brebis ?

Est-ce que vous ne craignez pas que nos gouvernants soient bien naïfs s'ils comptent sur une convention célébrée par M. de Broglie, pour lutter contre l'envahissement de l'Eglise ? ou plutôt, les gouvernants ayant l'habitude d'être plus habiles que naïfs, ne craignez-vous pas que leur amour pour le Concordat soit une preuve du désir qu'ils ont de vivre en excellents termes avec l'Eglise ?

En 1802, époque à la quelle furent entreprises par Bonaparte, alors Premier Consul, les négociations entre le gouvernement français et la cour de Rome, qui devaient aboutir au Concordat, la puissance de l'Eglise catholique était, en France, fortement ébranlée.

La religion catholique, léguée par le moyen-âge à notre nation, ne comptait, dans les classes éclairées et dans la bourgeoisie, qu'un nombre restreint de partisans. Il ne se faisait que peu de mariages religieux. Le Premier Consul lui-même, qui cependant avait reçu une éducation éminemment catholique, était marié civilement. Les enterrements civils étaient nombreux. Les églises étaient à peine fréquentées. Les hommes les plus mêlés aux affaires politiques ou militaires, les savants, l'entourage tout entier de Bonaparte, étaient formellement hostiles au rétablissement officiel des cultes et firent tous leurs efforts pour empêcher ou entraver la conclusion du Concordat.

M. Thiers lui-même, qui prétend que le Concordat répondait « à un besoin public très réel », est obligé de convenir que l'opinion n'était nullement favorable à cet acte. « Le premier Consul, dit-il, avait à contrarier vivement ses collaborateurs, ses soutiens, ses amis.... Des savants comme Laplace, Lagrange et surtout Monge, disaient au Premier Consul qu'il allait abaisser devant Rome la dignité de son gouvernement et de son siècle. M. Rœderer, le plus fougueux monarchiste du temps, celui qui voulait le plus promptement possible le retour à la monarchie, voyait avec peine le projet de rétablir l'ancien culte. » Talleyrand partageait les mêmes vues; les généraux rougissaient à l'idée d'aller s'agenouiller sur les marches des autels; les frères de Bonaparte faisaient tous leurs efforts pour le détourner de son entreprise. Les hommes d'Etat les plus considérables jugeaient la situation de la religion catholique si précaire, qu'ils « proposaient, dit M. Thiers, au premier consul de pousser la France vers le protestantisme, et lui disaient que s'il donnait l'exemple en se faisant protestant, elle suivrait cet exemple avec empressement. »

Si la bourgeoisie était en général peu favorable au rétablissement officiel de la religion catholique, les ouvriers des villes lui étaient pour la plupart tout à fait hostiles. Les hommes d'un certain âge avaient presque tous pris part aux scènes satyriques, burlesques ou même sanglantes qui s'étaient produites dans les églises pendant la révolution et n'auraient pu, sans une certaine humiliation, aller s'agenouiller devant les idoles qu'ils avaient eux-mêmes brisées. Quant aux jeunes gens et aux enfants, ils avaient été élevés dans la haine du prêtre, en dehors de toute pratique et de toute éducation religieuse, et sans le Concordat, sans le rétablissement officiel des pompes catholiques qui suivit cette convention, il est fort probable qu'ils seraient toute leur vie restés éloignés d'une religion qu'ils ne connaissaient pour ainsi dire pas.

Dans les campagnes, la foi religieuse s'était incontestablement mieux conservée ; mais, là aussi, l'indifférence religieuse s'emparait peu à peu des esprits.

En décidant que chaque citoyen payerait son culte, la révolution avait fait à l'Eglise plus de mal qu'en remplaçant les statues du Christ, de la Vierge et des saints par les beautés licencieuses qui simulaient la déesse Raison. C'est surtout en ce qui concerne les campagnes, dont les habitants sont beaucoup plus économes que ceux des villes, que l'on peut affirmer que le jour où le prêtre ne vivra plus que de ce que lui donneront les fidèles, son dieu sera bien près de mourir de faim. « J'ai pu voir, dit Edgar Quinet, un prêtre presque centenaire qui allait, la besace sur l'épaule, recueillir les dons des croyants et vivait de l'autel. Il apparaissait sans parler à la porte de chaque chaumière ; les paysans lui donnaient un morceau de leur pain de seigle qu'il mettait dans sa besace. »

Peu d'années avant la Révolution, Diderot écrivait que la religion ne serait détruite que le jour où ses ministres seraient réduits à la mendicité. On voit qu'à l'époque dont parle Quinet, le moment prévu par Diderot n'était peut-être pas très éloigné.

Une autre cause, d'ailleurs, rendait probable la ruine prochaine de la puissance religieuse dans les campagnes. Les paysans qui avaient acheté les biens du clergé ne se souciaient guère de voir les prêtres rentrer en possession de l'autorité qu'ils avaient sous la monarchie. Ils craignaient qu'une restauration officielle de la religion catholique ne fût accompagnée de l'obligation de restituer à l'Eglise des terres qu'ils possédaient depuis longues années déjà, et dans lesquelles ils avaient trouvé une source de bien-être inconnu jadis des habitants des compagnes.

Ils avaient peut-être bien encore foi dans la religion de leurs pères, mais le rétablissement officiel de cette religion leur offrait trop de dangers pour qu'il leur fût possible de le désirer.

Ainsi, indifférence ou hostilité à l'égard de la religion catholique chez les ouvriers des villes et dans la portion de la bourgeoisie qui s'était ralliée aux idées de la Révolution ; défiance de la part des paysans acquéreurs des biens des clergés ; opposition réfléchie de la part des hommes d'Etat qui ne cachaient pas le danger qu'il y avait à restaurer une religion dont le chef est étranger à la nation, et dont l'esprit est essentiellement envahissant, tel était l'état des esprits à l'époque où le Premier Consul entama les négociations du Concordat.

Ceux-là seuls étaient restésfidèles à la religioncatholique qui avaient en haine les principes de la Révolution. Et ceux-là ne fréquentaient que fort peu les églises dans lesquelles les offices étaient célébrés par des prêtres *assermentés*, c'est-à-dire ay·:t prêté serment de fidélité à la constitution républicaine de la France. Les véritables fidèles — et le nombre en était de moins en moins grand — se réunissaient dans des maisons particulières, autour de prêtres qui avaient refusé le serment et qu'ils considéraient comme les seuls dépositaires des pouvoirs concédés par l'Eglise à ses ministres.

Les prêtres eux-mêmes commençaient à délaisser la religion qui ne leur fournissait pas de suffisants moyens d'existence; un grand nombre, profitant des troubles de la Révolution, avaient jeté le froc aux orties pour rentrer dans la vie commune. Treize évêques et plus de dix mille prêtres s'étaient mariés. Ceux-là, retenus par la famille dont ils étaient entourés, ne se souciaient nullement de revenir à la vie sacerdotale et à la chasteté prescrite par les règles de la religion romaine.

Il fallait les remplacer ; mais le recrutement du clergé, déjà fort difficile, n'eût pas tardé à devenir tout à fait impossible si les frais du culte avaient été, pendant quelques années encore, laissés à la charge des catholiques pratiquants.

Le moment était donc favorable pour porter le dernier coup à une religion qui, si elle promet à ses adeptes un bonheur éternel, n'a cessé depuis dix-huit cents ans de semer le trouble parmi les peuples, et a fait couler plus de sang que l'ambition des plus affreux despotes.

Pour l'affaiblir et peut-être même la détruire, les persécutions étaient fort inutiles. Il suffisait de l'abandonner à elle-même et à ses propres ressources, déjà fort minimes ; de développer partout l'instruction qui, en augmentant la science de l'homme, diminue sa crédulité ; de transformer les églises en écoles et de laisser les catholiques édifier et entretenir eux-mêmes leurs temples.

Si le premier Consul eût agi de la sorte, nous n'aurions plus aujourd'hui à résoudre une question qui est le danger du présent et la menace de l'avenir.

Mais Bonaparte voulait être Napoléon. Le Premier Consul voulait être Empereur. Les hommes qui savent sont peu disposés à obéir. Les hommes qui croient s'agenouillent volontiers. Pour que la France fût obéissante, il fallait la rendre croyante. Il fallait lui donner des églises et des prêtres. Il fallait beaucoup de curés et peu d'instituteurs. Il fallait un budget des cultes et pas de budget de l'instruction primaire. Il fallait enfin l'appui du Pontife romain ; d'où le Concordat.

II

Mes chers concitoyens,

Je pense vous avoir bien montré, dans ma précédente lettre, qu'à l'époque où furent entreprises les négociations relatives au Concordat et au rétablissement officiel de la religion catholique en France, cette religion comptait, dans notre pays, si peu de fidèles dévoués, que si l'on ne se fût pas occupé d'elle, si on l'eût abandonnée à ses propres ressources, elle n'aurait pas tardé à perdre toute autorité sur les esprits.

Je puis ajouter qu'elle aurait fini par disparaître plus ou moins complètement devant l'indifférence générale. Pour me hasarder à formuler cette affirmation, je m'appuie sur des considérations que je crois utile de vous soumettre.

Les pays qui, comme la France, ont eu la bonne fortune d'échapper à l'envahissement du protestantisme, ont sur les nations protestantes un avantage considérable, qui n'a pas encore, à ma connaissance, été mis en relief.

Toutes les religions ayant leur origine dans l'ignorance des hommes et dans le désir qu'ils ont de trouver une explication à des phénomènes dont ils ne peuvent comprendre ni la nature ni l'enchaînement, il en résulte que, plus une religion est absurde, plus ses dogmes sont en opposition avec la vérité, plus cette religion court le risque d'être détruite par les grogrès de la science et le développement de l'intelligence humaine.

Or, parmi les religions qui règnent en Europe, il n'en est sans contredit pas une seule qui soit davantage en opposition avec la raison et la science que la religion catholique. Tous ses dogmes sont des défis portés non-seulement à la raison, mais encore au simple bon sens.

Que penser de son Dieu en trois personnes qui n'en font qu'une seule, qui sont à la fois *trois* et *un*. Que dire de son Christ, fils de Dieu, faisant par conséquent partie de *l'unité indivisible* divine, et qui, cependant vient *seul* sur la terre et *seul* se fait homme, et *seul* est crucifié pour apaiser Dieu le père, c'est-à-dire un tiers de lui-même? Comment traiter l'Eucharistie, dans la quelle, en mangeant un morceau de pain à chanter, le fidèle introduit son Dieu dans un intestin qui, après l'avoir digéré, en absorbera une partie et rejettera le reste avec les détritus du repas plus substantiel qui suivra la communion ? Quel homme, autre que Saint Joseph, voudrait être le mari de la mère de Dieu, concevant un fils par une opération qui constitue, dans l'état actuel de notre législation, un cas incontestable de séparation de corps et biens ? Peut-on, en un mot, envisager le moindre de ses dogmes sans prendre en commisération ceux qui les adoptent ? Et cette religion aurait-elle pu résister longtemps aux railleries de nos Rabelais, de nos Voltaire, de nos Diderot, si les pouvoirs publics ne lui avaient, de tout temps, prêté l'appui de leur force ?

Cette religion, déjà fortement ébranlée par nos philosophes du 18e siècle, n'aurait certainement pas résisté aux épreuves que lui avait fait subir la Révolution et surtout à la privation des subsides nécessaires à son entretien, si le Concordat n'était venu lui rendre la vie en lui rendant son ancien caractère officiel et surtout en lui donnant un budget.

Toute autre est la religion protestante que certaines personnes regrettent de ne pas voir plus répandue en France. Quoiqu'elle ait conservé un certain nombre des dogmes les plus contraires à la raison de la religion catholique, l'affectation qu'elle met à invoquer sans cesse les lumières de la libre discussion lui donne une apparence de rationalisme qui lui permettra de vivre alors que la religion catholique aura disparu depuis longtemps. Un anglais de beaucoup d'esprit, protestant d'origine, me répétait souvent, il y a déjà bien des années, ce mot plein de vérité : « Quel malheur qu'on ait inventé le protestantisme ! »

Tous ceux qui, comme moi, sont convaincus que les religions ne peuvent contribuer qu'au malheur de l'humanité, doivent, en effet, regretter qu'elles prennent une apparence raisonnable qui contribue à les faire vivre et leur permet d'exercer plus longtemps le fanatisme dont elles ne peuvent se séparer.

Il est inutile de rappeler ici les horreurs commises par la religion réformée dans les pays où elle s'est implantée ; il suffit de comparer la rigidité avec laquelle est pratiqué le repos du dimanche en Angleterre, en Amérique et en Suisse, avec le relâchement que l'on constate à cet égard dans les pays catholiques, pour voir que, si le protestantisme est en réalité aussi peu rationnel que le catholicisme, il offre, en revanche, une ténacité beaucoup plus grande et inspire à ses adeptes plus de ferveur dans la pratique de ses préceptes.

En changeant son catholicisme, déjà fort usé, pour le protestantisme, la France n'eût donc échappé à un péril que pour tomber dans un autre plus grand et fatalement plus durable.

Je pense, pour ces motifs, que, si déplorables qu'aient été les conséquences du Concordat, Bonaparte a moins nui à la France en le concluant, que s'il avait entraîné notre pays dans le protestantisme.

Mais je laisse de côté ces considérations qui sont peut-être un peu en dehors de mon sujet, et je reviens au Concordat. Ce que j'ai dit dans ma première lettre suffirait sans nul doute pour prouver que c'est à Bonaparte qu'incombe toute la responsabilité du Concordat. Il me paraît cependant utile d'ajouter quelques détails et surtout de bien mettre en relief les motifs qui décidèrent le Premier Consul à conclure une convention qui sacrifiait les véritables intérêts de la France à l'esprit de domination de l'Eglise et à l'ambition d'un homme.

C'est pendant la campagne d'Italie, après la bataille de Marengo, que Bonaparte manifesta pour la première fois son intention de s'ériger en protecteur de l'Eglise et en restaurateur de la puissance spirituelle et temporelle des papes.

« On sait, écrit M. Theiner, préfet des archives du Vatican, qu'en octobre 1796, il exprima à M. Cacarelt, ministre plénipotentiaire de la République française en Italie, son regret d'avoir été obligé de traiter durement le Saint-Siége, dont il aimerait mieux, dit-il, être le *sauveur* que le destructeur. Il lui répétait ces mêmes paroles au mois de mars 1801, quand il l'envoya à Rome pour l'affaire du Concordat :« Vous savez, lui disait-il, qu'au mois d'octobre 1796, je vous écrivis combien j'ambitionnais plus d'être le sauveur du Saint-Siége que son destructeur, et que nous avions tous deux, vous et moi, à cet égard, des principes uniformes. »

En 1797, il écrit à un ministre romain : « Il serait utile de connaître les mesures que pourrait proposer la cour de Rome *pour ramener aux principes de la religion* la majorité du peuple français. »

Le 5 juin 1800, dans une allocution adressée aux curés de la ville de Milan, Bonaparte prononce les paroles suivantes : « J'ai désiré de vous voir tous rassemblés ici afin d'avoir la satisfaction de vous faire connaître par moi-même les sentiments qui m'animent au sujet de la religion catholique, apostolique et romaine. Persuadé que cette religion est la seule qui puisse procurer un bonheur véritable à une société bien ordonnée, et *affermir les bases d'un bon gouvernement*, je vous assure que je m'appliquerai à la protéger et à la défendre dans tous les temps et par tous les moyens. Vous, les ministres de cette religion qui, certes, est aussi la mienne, je vous regarde comme mes plus chers amis. Je vous déclare que j'envisagerai comme *perturbateur du repos public* et ennemi du bien commun, et que je saurai punir comme tel, de la manière la plus rigoureuse et la plus éclatante, et même s'il le faut, de la *peine de mort*, quiconque fera *la moindre insulte* à notre commune religion, ou qui osera se permettre le plus léger outrage envers vos personnes *sacrées....* La religion catholique est la seule qui donne à l'homme des lumières certaines et infaillibles sur son principe et sa fin dernière.... Il n'y a pas de bonne morale sans religion... »

Quelques jours plus tard, à l'occasion du *Te Deum* chanté à Milan pour célébrer la bataille de Marengo, Bonaparte écrivait aux consuls : « Aujourd'hui, malgré ce qu'en pourront dire nos athées de Paris, je vais *en grande* cérémonie au *Te Deum* que l'on chante à la métropole de Milan. »

Le lendemain de cette cérémonie, il exprimait au cardinal de Martiniana, évêque de Verceil, « sa ferme résolution de se mettre en bonnes relations avec le pape et d'entamer avec lui des négociations *pour le rétablissement du culte catholique en France.* »

A partir de ce moment, l'idée d'une convention à faire avec Rome en vue de *rétablir* en France la religion catholique, ne cessa de préoccuper Bonaparte. Qu'on ne croie pas, d'ailleurs, que cette idée lui fût inspirée par un amour désintéressé de la religion. « Il comprenait très-bien, dit l'écrivain religieux cité plus haut, que *sans Dieu et sans religion, la force matérielle est impuissante pour gouverner les hommes et surtout les empires.* » Les avances qu'il faisait aux prêtres catholiques étaient aussi intéressées que celles qu'il avait faites jadis en Egypte, aux ministres des mosquées de Mahomet. Celui des plénipotentiaires fançais qui joue le rôle le plus important dans les négociations du Concordat, l'abbé Bernier, écrivait, le 8 novembre 1800, à l'archevêque Spina : « Il ne veut en France d'autre clergé que celui sur les dispositions duquel il pourra parfaitement compter. »

La victoire souriait à Bonaparte ; les peuples acclamaient son génie guerrier ; l'Europe envoyait de nouveau ses représentants à Paris ; la France, fatiguée par les longues luttes soutenues contre la réaction et contre l'étranger, aspirait à une tranquillité devenue indispensable et montrait des tendances manifestes à se jeter dans les bras du premier homme qui lui promettrait la liberté pour laquelle tant de sang avait été versé et dont aucun des régimes qui se succédaient depuis six ans, n'avait pu doter le pays.

L'ambitieux Premier Consul ne pouvait manquer de comprendre que le moment était venu ponr lui de rétablir le trône et, d'en gravir les marches. Mais, pour cela, il fallait avoir des alliés dans toutes les classes de la société et dans tous les partis.

Rien n'était alors plus facile que de conquérir des partisans. On pouvait, en peu de temps, remettre sur le tapis un certain nombre des grandes questions traitées par la Convention et présenter comme étant le produit d'un travail personnel une série de réformes depuis longtemps attendues dans les diverses branches de l'administration. On s'assurerait de la sorte l'adhésion de tous les amis de l'ordre, et l'on duperait tous les imbéciles. Il suffit de lire l'histoire du Consulat, de Thiers, pour être convaincu que le résultat fut conforme à celui qu'on pouvait attendre.

Un peu de ruse, beaucoup de majesté, et davantage de bâton ; de beaux militaires chamarrés d'or et traînant sur le pavé des sabres bien sonores ; de belles revues d'armées dans lesquelles le financier ventru ne figure que par procuration ; de beaux juges à toques brodées rendant la justice au nom d'un code en articles aussi nombreux que les grains de sable de la mer et aussi inintelligibles que les versets de l'Apocalypse; avec cela, Bonaparte ne pouvait manquer d'être l'homme des bourgeois.

Quant au peuple, entraîné par sa générosité naïve et son admiration enfantine pour la gloire et le génie, il ne pouvait manquer d'acclamer le vainqueur des Pyramides et de Marengo ; il dressait de ses mains les arcs de triomphe qui devaient devenir les fourches caudines de ses libertés et de ses droits.

L'Eglise était plus difficile à acquérir. Le pape était entouré d'émigrés royalistes, de prêtres et de prélats catholiques non assermentés, chassés de France par la Révolution, détestant tout ce qui, de près ou de loin, pouvait la rappeler. Tous ces ennemis acharnés de la France nouvelle poussaient Pie VII à favoriser le retour des Bourbons, qu'ils considéraient comme seuls capables de restaurer à la fois les priviléges de la noblesse et la fortune du clergé catholique.

Pour atteindre son but, Bonaparte avait à combattre et à vaincre ces influences. Il devait démontrer à Pie VII que le retour des Bourbons était impossible, que la restauration d'une monarchie ayant les mêmes caractères que celle qui avait été renversée par la Révolution, ne pouvait même être tentée, que la religion n'avait rien à espérer des partis monarchiques et que, seul, le général adoré par l'armée et acclamé par le peuple pouvait relever à la fois le trône et les autels.

Il devait aussi le convaincre de l'impossibilité qu'il y avait à arracher aux paysans les biens du clergé qu'ils avaient légalement acquis et qu'on n'aurait pu leur arracher sans provoquer dans les campagnes une insurrection formidable.

Ayant contre lui, dans son projet de Concordat, toute la partie intelligente de la population, tous les amis de la liberté et de la République, tous les indifférents, tous les adorateurs de la raison pure, tous les théophilanthropes, assez nombreux pour qu'on leur eût concédé le droit de faire usage des églises catholiques, Bonaparte avait aussi à combattre une partie de l'Eglise elle-même.

Cela montre combien j'avais raison, au début de cette lettre, d'affirmer que sur Bonaparte seul il fallait faire retomber la responsabilité du Concordat. Les détails de la négociation qui feront l'objet de ma prochaine lettre, mettront encore davantage ce fait en relief.

III

Mes chers concitoyens,

Nous avons vu que ce fut pendant la campagne d'Italie, après la victoire de Marengo, que Bonaparte conçut le projet de contracter une alliance avec la cour de Rome en vue du rétablissement du catholicisme en France.

La conversation qu'il avait eue à Milan avec le cardinal Martiniana, et dont j'ai reproduit dans ma dernière lettre la phrase principale, avait un caractère tout à fait officiel, et, sur l'invitation du Premier Consul, le cardinal écrivit, dès le 20 juin 1800, au Pape Pie VII, une lettre dans laquelle il lui faisait part des avances de Bonaparte.

Une première réflexion se présente ici naturellement à l'esprit. Bonaparte agit déjà en autocrate ; il ne prend avis de personne ; c'est de son propre chef et sans avoir prévenu les autres membres du gouvernement, qu'il lance la France dans une aventure dont les conséquences néfastes pèsent encore sur elle.

La lettre du cardinal Martiniana parvint au

pape pendant son voyage de Venise à Rome.
Les conseillers de Pie VII l'engagèrent à
attendre, pour y répondre, d'être à Rome, « afin,
dit Theiner, de constater par là sa prise de
possession de la capitale de ses Etats. »

Dans sa réponse datée de Rome, 10 juillet
1800, le pape ne dissimule pas sa joie : « *Les
ouvertures que vous nous faites* de la part du
Premier Consul Bonaparte, et dont le but est
de régler les affaires ecclésiastiques de France
et d'y faire refleurir la religion catholique,
ne peuvent n'être pas reçues de nous
avec une grande joie, puisqu'elles tendent à
ramener tant de millions d'âmes au bercail
de Jésus-Christ dont nous occupons indigne-
ment la place sur la terre. Nous regarderons
certainement comme une chose glorieuse et
heureuse pour nous, non moins qu'utile aux
intérêts de tout le monde catholique, de voir
rétablir en France cette sainte religion qui
en a fait la félicité pendant tant de siècles ;
nous saisissons donc avec empressement
l'occasion favorable qui s'offre à nous ; c'est
pourquoi vous pouvez répondre au Premier
Consul, que nous nous prêterons très volontiers à une négociation qui a pour objet une
fin si louable et si digne de notre ministère
apostolique, et si conforme aux vœux de notre
cœur. »

Remarquez que le pape a bien soin, en
homme habile qu'il est, de faire ressortir que

les avances et les « ouvertures » sont faites non par lui-même, mais par le vainqueur de Marengo.

Sa lettre affecte ensuite de ne manifester qu'une confiance médiocre dans les résultats des négociations ; il espère que « les choses pourront *à la fin* s'arranger » ; ce qui augmente son espérance « ce sont, écrit-il au cardinal Martiniana, les dispositions dans lesquelles vous nous dites qu'est son esprit (du Premier Consul) sur cet objet » ; mais il ajoute aussitôt : « Néanmoins, votre pénétration ne peut manquer d'apercevoir les difficultés que la chose offre en elle-même et celles que pourra présenter dans la suite l'idée de sa propre application. » Plus bas encore, nous lisons : « Réfléchissant à l'*extrême difficulté qu'on aura à s'entendre* en traitant par lettres de *matières si difficiles* par leurs rapports multiples et si délicates de leur nature, nous avons résolu, pour atteindre plus tôt le but désiré, de vous envoyer une personne de confiance qui vous expliquera plus parfaitement nos intentions sur tous les points que l'arrangement des affaires ecclésiastiques en France obligera nécessairement de discuter et d'arrêter. »

Le pape se défie des négociations écrites ; une lettre peut tomber entre les mains de celui qu'elle intéresse ; il ne veut pas confier ses « intentions » au papier ; il les glissera dans l'oreille d'un confident qui les communiquera au cardinal. Il tient d'ailleurs à se maintenir sur la réserve et à laisser le Premier Consul faire le premier des propositions. « Vous ferez connaître nos dispositions au Premier Consul qui pourra ensuite vous manifester les siennes avec *plus de précision, de détail et d'étendue* sur ces importants objets qu'il est nécessaire de concilier pour le rétablissement du catholicisme en France. »

En transmettant cette lette au Premier Consul, le cardinal Martiniana a soin de dire: « La lettre de Sa Sainteté vous fera connaître combien elle est persuadée et compte sur la solidité et la sincérité de vos dispositions, de même que sur l'équité de vos projets et *la discrétion de vos demandes.* »

N'est-ce pas un bien singulier spectacle que celui auquel nous assistons dès le début des négociations? Bonaparte propose au pape de contracter avec lui une alliance en vue du rétablissement du catholicisme en France. Il semble que le chef de la chrétienté doive accueillir avec enthousiasme des avances qui ont pour but, comme il le dit lui-même, « de ramener tant de millions d'âmes au bercail de Jésus-Christ » et « de reconquérir une si grande et si illustre partie du christianisme ». Il n'en est rien; Pie VII a reçu la lettre de Martiniana le 26 juin, il n'y répond que le 10 juillet, parce qu'il veut que sa réponse porte

en tête le nom de la capitale de « ses Etats »;
Sa réponse est pleine de prudence ; il ne veut
pas s'engager trop rapidement dans l'affaire ;
il attendra les propositions « précises, détail-
lées et étendues » de Bonaparte avant de se
prononcer ; il prévoit « une extrême difficulté» à traiter l'alliance demandée ; il manifeste, en un mot, beaucoup plus de réserve
que d'enthousiasme. Et cependant il s'agit de
rendre au catholicisme la première des puissances catholiques.

L'explication d'une pareille conduite nous
est fournie dès les premiers jours de la négociation.

Bonaparte, aujourd'hui vainqueur de l'Italie, n'ayant qu'à étendre la main pour prendre
Rome et les Etats de l'Eglise ; Bonaparte,
demain empereur des Français, fait des
avances au pouvoir spirituel ; immédiatement, celui-ci songe à en profiter pour assurer son pouvoir temporel.

Bonaparte ne se trompa certainement pas
sur les intentions secrètes du pape et sur les
motifs de sa réserve ; car nous le voyons
pendant toute la durée des négociations relatives au Concordat, recommander aux généraux français de traiter le pape avec tous les
égards dus à un roi; mais, en même temps, il
tient suspendue sur la tête de la cour romaine, la menace d'un envahissement des
Etats pontificaux si les négociations ne mar-

chent pas à son gré. Le 13 mai 1801, un
courrier attendu de Rome tardant à arriver,
Bonaparte fait écrire par Bernier au cardinal
Consalvi, secrétaire d'Etat de Pie VII, « que
tout délai ultérieur lui serait personnelle-
ment imputé, qu'il l'envisagerait comme une
rupture et *ferait de suite occuper par les troupes françaises ,à titre de conquête, les Etats du
Saint-Siége* »

On voit que Bonaparte, si ardent qu'il fût
à « vouloir une religion », comme dit Bernier
dans la même lettre, si ami de la religion
catholique et du pape qu'il affectât de se
montrer, n'ignorait pas que les papes sont
plus faciles à séduire et à dompter par le
temporel que par le spirituel.

Le pape ne fut pas seul à essayer de tirer
profit du besoin qu'avait Bonaparte de l'appui
moral de l'Eglise. Dans la seconde lettre qu'il
adresse à Bonaparte, le cardinal Martiniana
lui recommande les affaires du roi de Sar-
daigne.

Nous pouvons donc dire, sans crainte de
nous tromper, que le prix du Concordat fut
l'asservissement de l'Italie, que ne tarda pas
à suivre l'esclavage de la France.

La République cisalpine, fondée par la
Révolution française, se fût sans doute étendue peu à peu à toute l'Italie par l'adhésion
libre des diverses parties de la péninsule, et
Rome eût été un demi-siècle plus tôt arra-

chée aux mains de ses papes, si Bonaparte n'eût sacrifié l'avenir de cette république à son ambition personnelle, comme il sacrifia l'avenir de sa propre patrie.

D'après ce que nous venons de dire, il est facile de prévoir de quelle nature seront les négociations relatives au Concordat. Bonaparte a besoin du pape ; le pape a besoin de Bonaparte. Bonaparte veut faire de l'Eglise catholique le marchepied de son empire ; le pape fournira le marchepied, mais il se fera assurer la tranquille possession de son royaume. La nécessité dans laquelle se trouvent les deux ambitieux de se faire des concessions réciproques, aura pour conséquence nécessaire, d'une part l'abandon des intérêts de la France, d'autre part la compromission des intérêts spirituels de l'Eglise catholique. D'où, mécontentement à la fois des catholiques purs et des patriotes français.

A Rome, on faisait cette satyre :

Pio (VI) per conservar la fede
perde la sede ;
Pio (VII) per conservar la sede
perde la fede.

« Pie VI, pour conserver la foi, a perdu le Saint-Siége ; Pie VII, pour conserver le Saint-Siége, a perdu la foi. »

A Paris, pendant ce temps, on faisait circuler des caricatures représentant Bonaparte noyé dans un bénitier.

Mais Bonaparte voulait devenir empereur et Pie VII voulait rester roi, et ni satires ni caricatures ne pouvaient les empêcher d'atteindre leur but.

Une fois entamées, les négociations marchèrent d'abord assez rapidement. Le pape envoya à Paris l'archevêque Spina, assisté du jésuite Caselli, pour traiter directement avec le gouvernement français les conditions de l'alliance projetée. Du côté de la France, les négociations furent conduites surtout par un prêtre vendéen, Bernier, doué d'autant d'habileté diplomatique que d'ambition personnelle et âme damnée de Bonaparte, dont les visées secrètes ne pouvaient échapper à sa perspicacité.

Plus tard, l'entente devenant difficile, le pape adjoignit à Spina, le cardinal Consalvi et enfin le cardinal Caprara, qui conclut définitivement l'affaire.

Nous n'entrerons pas dans le détail des marches et contre-marches qui furent faites de part et d'autre avant d'atteindre le but. Ce que nous avons dit des motifs qui guidaient Bonaparte et Pie VII, suffit amplement pour faire apprécier la quantité de ruses que déployèrent l'Italien et le Corse au profit desquels l'alliance devait être conclue.

Dans une prochaine lettre, nous aborderons l'étude des articles du Concordat et celle des difficultés que souleva la discussion de chacun deux.

IV

Mes chers concitoyens,

J'ai insisté, dans mes précédentes lettres, sur les conditions dans lesquelles furent entreprises les négociations entre le Premier Consul Bonaparte et le pape Pie VII, en vue de la conclusion du Concordat ; je dois maintenant aborder l'étude du Concordat lui-même, en mettant en relief les difficultés que comporta l'adoption de ses différents articles et les conséquences qu'eut pour notre pays cet acte néfaste, inspiré par l'ambition personnelle de Bonaparte et par l'esprit de domination de l'Eglise catholique.

Comme le Concordat est destiné a être continuellement mis en discussion , critiqué par les uns et loué par les autres , jusqu'à ce qu'une Assemblée composée de républicains véritables se décide à voter la séparation de l'Eglise et de l'Etat, je crois que le lecteur me saura gré de mettre sous ses yeux le texte exact et complet de l'acte qui fait aujourd'hui la force de l'Eglise catholique en France.

Voici d'abord les préambules :

CONVENTION ENTRE SA SAINTETÉ PIE VII
ET LE GOUVERNEMENT FRANÇAIS.

Bonaparte, Premier Consul, au nom du peuple français, les Consuls de la République ayant vu et examiné la Convention conclue, arrêtée et signée à Paris, le 26 messidor de l'an IX de la République française (15 juillet 1801) par les citoyens Joseph Bonaparte, conseiller d'Etat ; Cretet, conseiller d'Etat ; et Bernier, docteur en théologie, curé de Saint-Laud d'Angers, en vertu des pleins pouvoirs qui leur avaient été conférés à cet effet, avec Son Eminence Monseigneur Hercule Consalvi, cardinal de la sainte Eglise romaine, diacre de Sainte-Agathe *ad suburram*, secrétaire d'Etat de sa Sainteté ; Joseph de Spina, archevêque de Corinthe, prélat domestique de Sa Sainteté, assistant au trône pontifical, et le Père Cazelli (Caselli), théologien consultant de Sa Sainteté, également munis de pleins pouvoirs, de laquelle Convention la teneur suit :

Sa Sainteté le Souverain Pontife Pie VII, et le Premier Consul de la République française ont nommé pour leurs plénipotentiaires respectifs :

Sa Sainteté : Son Eminence monseigneur Hercule Consalvi, cardinal de la sainte Eglise romaine, diacre de Sainte-Agathe *ad suburram*, son secrétaire d'Etat ; Joseph de Spina, archevêque de Corinthe, prélat domestique de Sa Sainteté, assistant au trône pontifical ; et le Père Caselli, théologien consultant de sa Sainteté, pareillement munis des pouvoirs en bonne et due forme ;

Le Premier Consul, les citoyens Joseph Bonaparte, conseiller d'Etat, Cretet, conseiller d'Etat, et Bernier docteur en théologie, curé de Saint-Laud d'Angers, munis de pleins pouvoirs ;

Lesquels, après l'échange des pleins pouvoirs respectifs, ont arrêté la Convention suivante :

CONVENTION

Le gouvernement de la République reconnaît que la religion catholique, apostolique et romaine, est la religion de la grande majorité de citoyens français.

Sa Sainteté reconnaît également que cette même religion a retiré et attend encore à ce moment le plus grand bien et le plus grand éclat de l'établissement du culte catholique en France et de la profession particulière qu'en font les Consuls de la République.

En conséquence, d'après cette reconnaissance mutuelle, tant pour le bien de la religion que pour le maintien de la tranquillité intérieure, ils sont convenus de ce qui suit :

. . . .

Dès les premières lignes du Concordat, les

principes de notre Révolution française sont, on le voit, foulés aux pieds.

Ce n'est pas seulement contre la monarchie et la noblesse qu'avait été faite la Révolution, c'est encore et surtout contre la puissance et la richesse de l'Eglise catholique. En 1793, les colères du peuple s'étaient manifestées beaucoup plus encore contre les prêtres que contre les nobles et le roi, et dans les journées de Septembre, c'est le sang des ministres de la religion catholique qui avait coulé avec le plus d'abandonce.

C'est que le peuple, guidé par un instinct qui souvent égale et dépasse l'intelligence des hommes d'Etat les plus habiles, savait fort bien que, sans prêtres, la monarchie n'est pas possible, et que la foi religieuse engendre fatalement l'esclavage politique. Le peuple, désireux d'être libre, savait aussi bien que Bonaparte avide de devenir empereur, que « sans Dieu et sans religion la force matérielle est impuissante à gouverner les hommes et surtout les empires. » Au jour de sa révolte, il avait frappé juste en frappant sur la religion et ses ministres, et si quelques ambitieux ne l'avaient arrêté dans sa marche inconsciente mais absolument logique, il y a bien longtemps déjà qu'il ne serait plus question en France de la religion catholique, apostolique et romaine.

Et cependat c'est « au nom du peuple français.» que Bonaparte a la prétention de traiter avec la cour de Rome. C'est « au nom du peuple français », de ce peuple qui, quelques années auparavant, dansait d'irrérencieuses carmagnoles sur les dalles de Notre-Dame; c'est « au nom de ce peuple » qui n'a pas hésité une seconde à porter « une main sacrilége » sur les biens du clergé vendus par la Convention ; c'est « au nom du peuple » le moins religieux qu'il y eût alors au monde, que Bonaparte, dès la première ligne du Concordat, donne au chef de l'Eglise catholique le titre de « Sa Sainteté », s'inclinant ainsi, à la fois, devant l'Eglise catholique et devant celui qui prétend représenter sur la terre un Dieu dont il serait fort en peine de démontrer l'existence.

Etre mis à genoux devant « Sa Sainteté » le pape Pie VII, « Souverain Pontife » d'une religion qu'il couvrait depuis longtemps de ses railleries, tel est le fruit que le pauvre peuple de France retirait des révolutions et des guerres dans lesquelles il avait versé son sang à torrents.

Et cela, nous ne cesserons de le répéter, parce que Bonaparte voulait devenir empereur. « Qu'aurait-il pu faire, dit l'écrivain ecclésiastique Theiner, avec une nation d'athées et une armée de sans-culottes? Qu'aurait-il pu faire, lui surtout, né pour le pouvoir et pour le gouvernement des Etats, que dans son ambition guerrière il rêvait sans cesse de se soumettre par l'épée victorieuse, lui bercé de l'espérance, poursuivi du vague pressentiment de pouvoir un jour relever, pour s'y asseoir, le trône de Saint Louis que la Révolution venait de renverser?

Il est facile de répondre à la question de M. Theiner. « Avec une nation d'athées et une armée de sans-culottes » on ne fonde pas des empires, « on ne relève pas pour s'y asseoir le trône de saint Louis », on donne aux peuples la liberté et aux hommes l'égalité. C'eût été là le fruit de la Révolution de 1793 si le sabre de Bonaparte ne s'était pas levé pour protéger le goupillon de Pie VII.

V

Mes chers concitoyens,

Dans le préambule du Concordat, que j'ai reproduit dans ma dernière lettre, vous avez sans doute remarqué cette phrase : « Le gouvernement de la République reconnaît que la religion catholique, apostolique et romaine est la religion de la grande majorité des citoyens français. »

Arracher au gouvernement de la France républicaine une pareille assertion publique et officielle, à une époque où la religion catholique était tombée dans un tel état que Chateaubriand a pu écrire : « Si un homme tout puissant (Napoléon) retirait sa main aujourd'hui, demain le philosophisme ferait tomber les prêtres sous le glaive de la tolérance et rouvrirait pour eux les philanthropiques déserts de Cayenne », c'était, certes, pour l'Eglise romaine, remporter une belle victoire. Et cependant la rédaction de cette phrase faillit empêcher la conclusion du Concordat.

Dès que Pie VII vit Bonaparte s'engager

dans la voie des concessions, dès qu'il comprit le besoin qu'avait cet ambitieux de l'appui de l'Eglise pour accomplir ses desseins, il ne mit plus de bornes à ses prétentions. La reconnaissance que « la religion catholique était la religion de la majorité des citoyens français » parut au pape insuffisante. Il aurait voulu que la religion catholique fût qualifiée de « religion dominante » et que ses anciens « droits et priviléges » lui fussent rendus. Sa lettre à Bonaparte, datée de Rome, 12 mai 1801, est singulièrement instructive à cet égard :

« Nous ne vous cacherons pas, dit le Pape, et tout au contraire nous vous en ferons l'aveu éclatant, combien nous avons éprouvé une joie vive aux premières ouvertures qui nous ont été faites pour le rétablissement de la religion catholique en France ; et l'espérance flatteuse que cette religion serait rétablie dans son antique splendeur comme *dominante*, m'a fait voir avec bien de la douleur l'article désagréable qui, dans le projet, a été proposé comme base de tous les autres. Et ce sentiment, notre cœur l'a éprouvé d'autant plus vivement, que pendant une longue série d'années, la religion catholique *a été dominante en France* ; et après les persécutions et les maux incalculables qu'y a soufferts l'Eglise, en voyant s'ouvrir entre son Chef et le Premier Consul d'une si grande nation, une négociation aussi solennelle pour la rétablir, *on ne s'attend point certainement au simple énoncé* de reconnaître qu'elle est professée par la plus grande partie des français, mais bien que les obstacles écartés *d'une main vigoureuse*, et surtout ceux qui faisaient considérer la France comme perdue pour le catholicisme, détachée de l'unité et dégagée des liens qui unissent tous les fidèles, la *religion va de nouveau lever le front* et être rendue à son premier état : nous ne pouvons nous empêcher de vous mettre sous les yeux qu'étant constitué par Dieu pour la défense de cette religion et sa propagation, nous pouvons bien, en gémissant, *tolérer* qu'au milieu des circonstances malheureuses où elle se trouve, elle éprouve de grands désastres (que tous nos efforts et nos soins paternels n'ont pas le pouvoir d'empêcher) et *souffrir* que l'on apporte un délai à la rétablir en France dans sa splendeur et *avec la jouissance de tous ses droits et priviléges*, mais nous ne pourrons jamais, par un article d'une convention solennelle (et c'est là, comme vous le remarquerez dans votre sagesse, précisément ce qui constitue la différence entre un Concordat et une simple tolérance) en sanctionner la *dégradation.* »

Le ton hautain de cette lettre n'a pas manqué sans doute, chers lecteurs, de frapper votre esprit. Le pape veut bien « *tolérer* » qu'il soit apporté un délai au rétablissement de l'antique « splendeur » de l'Eglise catholique ; il veut bien souffrir que l'on attende quelque peu pour rendre à l'Eglise catholique « ses droits et priviléges » ; il sait fort bien, en effet, que ce sont choses impossibles pour le moment ; il n'ignore pas que, quelle que soit la puissance de Bonaparte, elle n'est pas encore assez solidement établie pour qu'il puisse braver la colère des vieux révolutionnaires, les railleries de ses généraux et les résistances des hommes politiques les plus graves ; mais le pape ne veut pas sanctionner ce qu'il appelle la « dégradation de l'Eglise », en reconnaissant que la religion catholique n'est pas la religion « dominante » de la France.

Pour amener Bonaparte à ses vues, il emploie, dans la même lettre, un argument dont il prévoit l'influence sur l'ambitieux Premier Consul. « Vous savez bien, très cher fils en Jésus-Christ, écrit-il, que la religion catholique a pour maxime expresse, comme on le voit dans les lettres divines, que *l'on doit respect et obéissance à l'autorité des souverains*, et qu'*un motif religieux, et non la crainte, prescrit cette obéissance.* Vous savez bien qu'elle est le lien le plus fort de la société, *la base et le soutien de tout gouvernement.* Le gouvernement lui-même n'a donc rien de mieux à faire que de la propager et de lui donner appui.

Nous ne continuerons pas ces arguments pour vous en démontrer la force et la vérité. Ce serait faire injure à votre *pénétration* que de les croire nécessaires en s'adressant à vous. Ces vérités, comme vous le savez bien, ont été reconnues par les politiques les plus accrédités, qui, tous, ont avancé en termes exprès que *l'Eglise ne permettrait jamais que les sujets manquassent d'obéissance, pour quelque raison que ce fût, à celui qui les commande.* Notre ministère apostolique requiert de nous, en conséquence, que nous vous priions, que nous vous conjurions d'entrer *avec vigueur* et courage dans le sentier qui vous conduira à la vraie et immortelle gloire d'avoir entièrement rendu à la France son antique religion. »

Ce n'est certes pas la bonne volonté qui manquait à Bonaparte ; il eût sans difficulté accédé à la demande de Pie VII de rendre à l'Eglise catholique « ses droits et priviléges » ; ce n'est pas non plus la « vigueur » qui lui faisait défaut pour accomplir cette tâche ; sa « pénétration » était assez grande pour qu'il n'ignorât pas que la religion n'a jamais permis « aux *sujets* de manquer d'obéissance, pour quelque raison que ce soit, à celui qui les commande » ; il savait bien que la foi religieuse est la base la plus solide du despotisme politique ; mais, ainsi que nous l'avons dit plus haut, il n'avait pas que l'Eglise à ménager ; il devait encore tenir compte, du moins dans une certaine mesure, des sentiments de la nation française et des dispositions des hommes politiques dont l'appui lui était nécessaire pour gravir les marches du trône.

Les sentiments de Bonaparte sont très nettement exprimés dans une lettre de l'abbé Bernier au Cardinal Consalvi, dictée sans doute par le Premier Consul lui-même, sous l'influence de la mauvaise humeur que lui fait ressentir le retard apporté par la cour de Rome à accepter le projet de Concordat discuté dans la lettre de Pie VII dont nous venons de citer quelques passages.

La lettre de Bernier est datée du 18 mai ; elle se croisa en route avec celle de Pie VII. Après avoir fait part au Cardinal Consalvi de la mauvaise humeur de Bonaparte, Bernier écrit : « Il (Bonaparte) a ajouté que la France ne pouvait être sans religion, qu'*il en voulait une*, qu'il préférait la catholique romaine dans laquelle il était né et voulait mourir, qu'*il la protégerait* spécialement, *la professerait hautement* et assisterait *en pompe* à ses cérémonies ; qu'elle serait reconnue comme religion de la grande majorité des citoyens français ; qu'elle serait, en ce sens, *dominante et nationale*, mais qu'il voulait qu'on se contentât de *la réalité de la chose*, sans employer ces derniers mots qui produiraient *sur certains esprits* les plus mauvais effets. »

Remarquez la fourberie de Bonaparte ; il ne veut pas concéder au pape l'expression de « dominante » parce qu'il sait bien qu'elle choquerait « certains esprits » et que ces esprits sont nombreux ; mais il promet « *la réalité de la chose* » ; il promet de professer hautement la religion catholique et d'assister en pompe à ses cérémonies, de la traiter, en un mot, comme « religion dominante et nationale ». Il pense que les Français seront assez naïfs pour se contenter de la suppression d'un mot qui froisserait leurs sentiments, et il se flatte de les ramener peu à peu au respect de la religion catholique par son propre exemple. Ses prévisions ne furent, hélas ! que trop justifiées.

Il ne faut pas croire, d'ailleurs, que Bonaparte tînt beaucoup à la religion catholique ; Bernier écrit dans la même lettre : « Il a déclaré qu'il voulait un clergé *soumis* et *fidèle au gouvernement*.... Il nous a enfin ajouté que, si ces vues ne pouvaient convenir au Saint-Siége, ou s'il en résultait de nouveaux délais, il finirait, quoiqu'à regret, par prendre un parti *quelconque* en matière de religion, et travaillerait à le faire adopter dans tous les endroits où la France étendrait son influence ou sa domination. »

Afin de décider le Saint-Siége à faire les concessions demandées par Bonaparte, Ber-

nier emploie le grand, le seul moyen efficace:
« Votre éminence, écrit-il, est très occupée,
je le sais ; je plains la destinée cruelle d'un
homme élevé à ce poste périlleux. Mais à
quoi serviront les règlements administratifs
sans celui de la religion ? Il faut, avant de
gouverner, assurer la jouissance possible du
pays qu'on veut administrer. Or, la possession incommutable des Etats de sa Sainteté
dépend essentiellement de la réunion de la
France avec elle. Il faut donc avant tout assurer ce point si délicat, sans lequel, je le
répète, *tout le reste n'est rien.* » En même
temps, il le menace de l'envahissement des
Etats pontificaux, si l'on ne se hâte pas.

Ces arguments décidèrent sans doute le
pape, car il ne tarda pas à envoyer Consalvi
à Paris pour terminer l'affaire.

VI

Mes chers concitoyens,

Le cardinal Consalvi, envoyé par le Pape pour conclure le Concordat dans les conditions mentionnées par ma dernière lettre, put se rendre compte, pendant les quinze jours que dura son voyage de Rome à Paris, de la situation exacte des esprits en France, relativement aux questions religieuses. Ses mémoires et ses lettres sont particulièrement intéressantes et montrent combien, à cette époque, la religion catholique était peu en honneur dans notre pays.

« Consalvi, en traversant la France, dit Theiner, fut singulièrement frappé du désolant spectacle qu'elle offrait sous le rapport religieux. Ses temples sacrés (le lecteur sait déjà que Theiner est prêtre) étaient ou démolis par la fureur de l'impiété, ou profanés et convertis même au culte ridicule de la raison démocratique qui, par une singulière parenté d'esprit, s'était entièrement identifiée avec les obscénités les plus révoltantes et les plus brutales du paganisme. Ainsi, on voyait les églises échappées à la destruction, dédiées à la Jeunesse, à la Virilité, à la Bienfaisance, à l'Amitié, à l'Abandon, à l'Hymen, au Commerce, aux Jardins, à la Fraternité, à la Liberté, à l'Egalité, à la Paix, à la Concorde, à la Force, à la Chasse, etc. Seulement on n'avait pas osé substituer à ces fades dénominations les vrais noms des anciens Gentils, comme Jupiter, Junon, Vénus, Mercure, Cérès, Diane, Hercule, les Nymphes ; on dépouillait ainsi ces fausses divinités de leur sens allégorique qui, dans cet avilissement des âmes, aurait rappelé beaucoup trop encore l'existence d'un Etre suprême et d'un culte réglé, d'un culte poétique et gnostique à la fois. »

Est-il possible de mieux démontrer que le fait ici l'écrivain ecclésiastique, la vérité de ce que je disais dans une précédente lettre, qu'au moment du Concordat, la religion catholique était à peu près morte en France. Bien mieux, l'idée religieuse elle-même était tellement affaiblie que, comme le dit Theiner, la France ne pouvait même plus revenir au paganisme qui a toujours été, au fond, la seule religion de la race latine. On commençait à éviter tout ce qui pouvait rappeler « l'existence d'un Etre suprême. »

Les lettres adressées de Paris à la cour Romaine, par Consalvi, offrent le plus grand intérêt. Je ne puis résister au désir de vous en citer quelques passages qui vous en diront plus sur la situation que tout ce que je pourrais écrire.

Dans une lettre datée du 21 juin, il écrit : « Le Premier Consul veut absolument avoir des égards pour tous les partis. Le parti qui est opposé au rétablissement de la religion est très fort. »

Dans une lettre du 30 juin, nous lisons : « Le Premier Consul veut vraiment au fond l'accommodement. Il a pourtant des égards infinis pour les autres membres du gouvernement, en partie par nécessité, en partie parce qu'il le veut ainsi. De la complication des choses, que je ne puis vous indiquer en détail, résulte une difficulté immense pour conclure l'affaire suivant nos désirs. »

« Je dirai finalement que la guerre qui s'est déchaînée ici depuis plus d'un mois contre la réunion avec Rome, surpasse tout ce qu'on en peut croire. Bonaparte est le seul qui veuille cette réunion ; mais tout en la voulant, il craint et *ne se croit pas en force* ; aussi est-il contraint de céder en divers points et d'exiger que la réunion se fasse conformément à l'esprit d'autres membres du gouvernement. Ceux-ci, ne voulant point, au fond, la réunion, exigent, avant de l'admettre, qu'on fasse toutes les concessions possibles. » (Lettre du 1er juillet 1801).

« Il faut comprendre ce point fondamental,

c'est que le Premier Consul voudrait la chose,
mais qu'en même temps il voudrait la faire
sans froisser personne, chose presque impossible avec le nombre *presque innombrable* des
ennemis très puissants qui s'y opposent. »
(Lettre du 3 juillet 1801).

« Pour donner quelques détails sur notre
affaire, écrit Consalvi, le 2 juillet 1801, je dirai
à votre Eminence qu'après un mois les choses
n'ont fait qu'empirer à un point dont votre
Eminence ne peut se faire une idée. La guerre
qu'on a excitée pour empêcher cette réunion
avec Rome est incroyable ; tous les corps des
magistratures, tous les philosophes, tous les
libertins, la plus grande partie des militaires
est très contraire. Ils ont dit en face au premier Consul que, *s'il veut détruire la République et ramener la monarchie, cette réunion en
était le moyen sûr.* Il en est épouvanté ; il est
le seul qui, au fond, désire cette réunion.
Mais, épouvanté de l'opinion générale, crai-
gnant leur contradiction et aussi les philosophes qui le tourneraient en ridicule, il a mis
l'affaire dans les mains de beaucoup de gens,
pour y intéresser tout le monde et n'avoir
pas lui seul la responsabilité. Il en résulte
que chacun nous fait ses difficultés, chacun
veut mettre du sien dans le projet, et la plupart y font insérer ce qu'ils voient qu'on ne
peut accorder, exprès pour rompre la négociation. Je vois évidemment qu'on ne fera

rien, je vois aussi que les conséquences en seront plus fatales à la religion qu'aux Etats du Saint-Père... Le peuple, croyez-moi, est indifférent dans sa plus grande partie : il l'est entièrement dans les villes, en partie dans les campagnes. Je n'en donnerai qu'une preuve, c'est que *les prêtres meurent de faim, parce que personne ou presque personne ne leur donne l'aumône.* »

Heureux peuple que celui chez lequel «les prêtres meurent de faim parce que personne ne leur fait l'aumône»! Quand donc reviendra, pour notre pays, l'époque fortunée dont parle Consalvi? Quand donc se présentera à nouveau la situation à laquelle mit fin le Concordat ?

Vous avez sans doute remarqué, chers lecteurs, l'observation présentée à Bonaparte par son entourage, que « le Concordat était le meilleur moyen de préparer le retour de la monarchie. « Il y a là une haute vérité historique dont il est bien nécessaire de saisir toute la portée. Si la religion n'eût pas été rétablie en France, il est fort douteux que Bonaparte eût pu devenir empereur ; mais quand bien même il fût parvenu à rétablir à son profit le trône remplacé en 1793, pour Louis XVI, par la guillotine, les Bourbons n'auraient jamais pu rentrer en France. L'obstacle invincible au rétablissement de leur monarchie eût été la divergence d'opinion

religieuse entre eux et la nation. Rétablir la religion catholique en France, c'était donc bien réellement ramener les conditions indispensables de la monarchie : Le trône et l'autel n'ont jamais été séparés et ne peuvent pas l'être.

On comprendra facilement combien, dans de telles conditions, était audacieuse la prétention du Pape d'inscrire en tête du Concordat la reconnaissance, par le gouvernement français, que la religion catholique, apostolique et romaine était « la religion dominante du peuple français. »

Consalvi comprit vite qu'il devait abandonner cette prétention de se contenter des termes « religion de la grande majorité des citoyens français » qui figurent dans le texte des préambules reproduit dans une de mes précédentes lettres. Cette assertion était encore un effronté mensonge, les Français étant alors, en grande majorité, ou indifférents ou hostiles à la religion que le Concordat prétend être la leur.

Un autre passage des préambules faillit aussi entraîner la rupture des négociations ; c'est celui qui est relatif à « la profession particulière que font les Consuls de la République » de la religion catholique.

Bonaparte refusait de laisser inscrire dans le Concordat que les Consuls et surtout le Premier Consul professaient la religion catholique ; il craignait d'affaiblir son pouvoir et d'augmenter le nombre de ses ennemis en affirmant son catholicisme, et il eut à ce sujet des altercations très vives avec Consalvi, ainsi qu'en témoigne une lettre de ce dernier, datée du 2 juillet 1801. « On en vint, écrit Consalvi, à parler de la grande affaire. Je le trouvai inflexible, au point de ne vouloir pas admettre ni pour lui, ni pour le gouvernement, la déclaration qu'ils professent la religion catholique, disant que ce dernier ne peut la professer constitutionnellement, et que, quant à lui et aux deux autres Consuls, le Pape doit supposer le fait de cette profession, et que, puisqu'ils ne sont ni hérétiques, ni athées, il ne doit pas exiger d'eux, qui n'ont point abjuré depuis leur naissance, ce qu'il n'exigerait point du roi d'Espagne ou de tout autre souverain catholique. Il est inutile que je transcrive ici tout ce que je lui dis, mais toujours inutilement, pour le persuader ; je parlai de tout, excepté de la proclamation d'Egypte : Votre Eminence comprendra qu'il eût été imprudent et dangereux de lui manquer à ce point de respect et de la lui rappeler (1). A ma raison que, le Pape ayant

_____

(1) La proclamation à laquelle fait ici allusion Consalvi, fut adressée par Bonaparte aux Musulmans, au moment de sa campagne d'Egypte. Elle témoigne des véritables sentiments reli-

exigé, dans son projet, cette déclaration de catholique, les limites de mon pouvoir ne me permettaient pas de l'omettre, parce que c'était altérer la substance dudit projet, il répondit qu'on la pouvait mettre dans la bulle et non dans les articles, qu'on la pouvait mettre en forme d'éloge, « lui étant né dans la religion catholique et ne l'ayant, il me l'a répété plusieurs fois, jamais démentie ; » et à l'objection tirée de l'avenir, il répondit toujours que c'était une chimère de craindre un Consul non catholique. Bref, je ne pus obtenir la moindre concession sur ce point. »

Le pape tint bon, et Bonaparte dut céder. C'était là une concession beaucoup plus grave qu'elle ne peut le paraître au premier abord. Une nation ignorante comme l'était alors et comme l'est encore malheureusement beaucoup trop la France, épouse volontiers la religion que « professent » ses gouvernants ; et si Bonaparte se fût fait protestant, il est plus que probable que la

---

gieux de Bonaparte et suffit pour montrer que la religion n'a jamais été pour lui qu'un instrument de domination. On y trouve entre autres cette phrase :

« ..... Gloire à Allah ! Il n'y a point d'autre Dieu que Dieu ; Mahomet est son prophète et je suis de ses amis... Le divin Coran fait les délices de mon cœur..... »

France serait aujourd'hui en grande majorité protestante.

Telles sont les discussions principales auxquelles donnèrent lieu les préambules du Concordat. Nous aborderons dans une prochaine lettre, l'histoire et l'analyse des articles proprement dits.

VII

Mes chers Concitoyens,

Dans mes précédentes lettres, j'ai étudié les événements qui précédèrent la signature du Concordat, et j'ai exposé la signification et les conséquences du préambule de cet acte. Il ne me reste plus qu'à passer en revue la convention passée entre Bonaparte et Pie VII.

« Art. I. *La religion catholique, apostolique et romaine sera librement exercée en France ; son culte sera public, en se conformant aux règlements de police que le gouvernement jugera nécessaires pour la tranquillité publique.* »

Toute la pensée de Bonaparte est contenue dans ce premier article. D'une part, le Premier Consul autorise l'exercice public du culte catholique, et, en agissant de la sorte, il flatte le désir qu'ont les catholiques d'étaler les pompes de leur religion ; d'autre part, il soumet l'exercice public du catholicisme à l'autorité civile en le plaçant sous l'action des règlements de police, c'est-à-dire de la forme la plus capricieuse du pouvoir gouvernemental.

Le titre III des Articles organiques règlemente, jusque dans ses plus minimes détails, l'exercice du culte. Le costume des prêtres, la nature de leurs ornements sacerdotaux, la place réservée aux autorités civiles dans les églises, la qualité des prêtres qui pourront prononcer des sermons, etc., toutes les manifestations extérieures provenant de la religion catholique sont prévues et réglementées.

D'après l'article 39, « il n'y aura qu'une liturgie et un catéchisme pour toutes les églises catholiques de France. » D'après l'article 43, « tous les ecclésiastiques seront habillés à la française et en noir. Les évêques pourront joindre à ce costume la croix pastorale et les bas violets ». D'après l'article 44, « les chapelles domestiques, les oratoires particuliers ne pourront être établis sans une permission expresse du gouvernement, accordée sur la demande de l'évêque.» D'après l'article 45, « aucune cérémonie religieuse n'aura lieu hors des édifices consacrés au culte catholique dans les villes où il y a des temples destinés à différents cultes ». L'article 47 arrête : « Il y aura, dans les cathédrales et paroisses, une place distinguée pour les individus catholiques qui remplissent les autorités civiles et militaires. » Article 48 : « l'évêque se concertera avec le préfet, pour régler la manière d'appeler les fidèles au service divin par le son des cloches. On ne pourra les sonner pour toute autre cause, sans la permission de la police locale ».

Il semble au premier abord que toutes ces mesures soient fort légitimes et qu'il appartienne à l'Etat de réglementer les manifestations publiques du culte. Tout partisan de la liberté individuelle trouvera cependant mauvais que l'Etat intervienne en ces matières. Que m'importe que l'on enseigne dans les Eglises de France un seul ou plusieurs catéchismes et qu'on y dise la messe en suivant telle ou telle liturgie? Quel intérêt y a-t-il pour la société à ce que les prêtres s'habillent à la française et en noir ou à la pierrot? Pourquoi donc empêcher les imbéciles de dresser, dans un coin de leur propriété, des chapelles particulières et des oratoires privés? Le gouvernement est-il chargé d'empêcher M. le Comte d'entretenir à ses frais un aumônier pour les besoins spéciaux de madame la comtesse? Toutes ces mesures restrictives constituent autant d'atteintes portées à la liberté individuelle et justifient ce mot de Bernier : « Il (Bonaparte) ne veut en France d'autre clergé que celui sur les dispositions duquel il pourra compter ».

Il fallait à Bonaparte une religion soumise, comme une armée soumise, comme une magistrature soumise, comme une instruction soumise, parce qu'avec ces instruments dociles, on fait les peuples esclaves.

En édictant les mesures relatives au culte catholique, Bonaparte n'avait pas seulement pour but de soumettre les prêtres à sa police, il voulait aussi leur donner un caractère spécial qui entraînât le respect de la foule. L'article 42, d'après lequel « les ecclésiastiques ne pourront, dans aucun cas, ni sous aucun prétexte, prendre la couleur et les marques distinctives réservées aux évêques, a pour conséquence la reconnaissance par la société de la prépondérance des évêques sur les simples prêtres et établit l'autorité des premiers. Cette autorité est encore plus formellement admise dans les règlemen s relatifs aux honneurs militaires que les troupes doivent rendre aux évêques, particulièrement à l'occasion de leur entrée en fonctions.

En même temps que Bonaparte soumettait les ministres du culte à sa propre autorité, il leur faisait dans le pays une situation supérieure à celle de tous les autres fonctionnaires, et donnait ainsi à la religion ce qui lui est le plus indispensable : l'autorité morale, devant laquelle les peuples s'inclinent.

Pour nous, partisan absolu de la liberté et de l'autonomie de la personne humaine et adversaire de toute autorité ; pour nous, qui

considérons les religions et leurs pratiques
comme de simples manifestations de la sottise humaine ; pour nous, qui ne respectons
pas plus les cérémonies religieuses des chré-
tiens que les mômeries des saltimbanques,
mais qui croyons que la société n'a le droit
de réglementer ni les unes ni les autres,
nous déplorons que les principes contenus
dans le premier article du Concordat soient
encore partagés par un grand nombre de nos
concitoyens.

L'un des articles organiques qui a été le
plus approuvé et mis en pratique dans ces
derniers temps par les républicains autoritaires, est celui qui interdit les cérémonies
religieuses hors des édifices consacrés au
culte catholique dans les villes où existent
des temples destinés à d'autres cultes (art.
45). Les cérémonies visées sont particuliè-
ment les processions, et c'est en s'appuyant
sur l'article 45 qu'on a, pendant le cours de
ces dernières années, interdit les processions
publiques dans un grand nombre de villes.
Les libres-penseurs ont généralement ap-
plaudi à ces mesures restrictives, puisqu'ils
considèrent les processions comme une sorte
de prise de possession de la rue par le culte
catholique et comme une manifestation
attentoire dans une certaine mesure à leurs
convictions anti-religieuses. Il est incontestable que les catholiques apportent généra-

lement fort peu de réserve dans les actes
extérieurs de leur culte et que l'indignation
est facilement soulevée par leur prétention
de bénir les maisons et les hommes et de
contraindre les voitures à s'arrêter pour laisser passer leurs longues files de pénitents
blancs ou gris, de saints et de saintes à la
journée et le pain à cacheter qui représente
leur dieu. Mais il faut avouer que ces prétentions ont été singulièrement encouragées
par tous les gouvernements qui se sont succédé en France depuis le commencement du
siècle. Sans parler des honneurs que les
troupes doivent rendre au pain à cacheter
qui a nom « Saint-Sacrement », lorsque
ledit pain à cacheter circule dans les rues
ou est offert à la vénération par le prêtre
disant la messe, tout le monde sait que,
dans les villes où ont lieu les processions
publiques, on met toujours à la disposition
des prêtres ou évêques catholiques, des
troupes qui, l'arme au bras, marchent en
longues files de chaque côté de la procession.

Dans la plupart des villes, les autorités les
plus considérables, le préfet ou le sous-pré-
fet, les magistrats, les commandants militaires suivent, en tenue officielle, le dais ou
même en tiennent les cordons. En prêtant
son concours aux manifestations extérieures
du culte, le gouvernement fait beaucoup

plus pour consolider la religion qu'il ne fait pour la combattre en interdisant quelques processions. Et cependant le gouvernement n'a pas en réalité le droit d'interdire à ses fonctionnaires de prêter le concours de leur présence aux cérémonies religieuses. L'article 47 des « articles organiques » dit en effet : « Il y aura, dans les cathédrales et paroisses, une place distinguée pour les individus catholiques qui constituent les autorités civiles et militaires. » Il est vrai qu'il n'est pas question de processions, mais ces dernières n'étant qu'une manifestation de même ordre que celles qui ont lieu dans les églises, on ne voit pas trop pourquoi le gouvernement interdirait à ses fonctionnaires d'assister aux processions alors qu'il exige pour eux une place d'honneur dans les églises.

Le but réel de l'article 45 n'est pas de réglementer les pratiques extérieures du culte catholique, mais simplement de légitimer l'obstacle qui a toujours été apporté en France, par nos gouvernements autoritaires aux manifestations publiques non religieuses. En interdisant les processions, le gouvernement se croit le droit d'interdire toutes les autres réunions de citoyens sur la voie publique. En 1878, quand on voulut célébrer à Paris, par une cérémonie publique, le centenaire de Voltaire, la préfecture de police interdit la manifestation sous prétexte que si l'on donnait une autorisation, il faudrait en accorder une semblable aux processions des catholiques. Nous sommes assez partisan de toutes les libertés pour que cette objection ne puisse en aucune façon nous arrêter. Nous sommes assez partisan de toutes les libertés pour ne pas refuser aux catholiques celle de circuler dans les rues de nos villes, en costume de carnaval, à la seule condition qu'ils ne prétendent pas arrêter la circulation sous prétexte que leur dieu honore nos pavés de sa présence.

Mais de même que nous trouvons légitimes les processions des catholiques, nous ne songerions pas à empêcher la circulation dans les mêmes rues d'une contre-procession dans laquelle les libres-penseurs tourneraient en ridicule toutes les cérémonies du catholicisme. Si nous voulons la liberté pour la sottise des catholiques, nous la voulons aussi pour les farces de leurs ennemis.

Si les gouvernements se plaçaient sur un semblable terrain, il n'y aurait besoin ni de Concordat, ni d'Articles organiques, et la police de l'Etat n'aurait rien à voir dans les pratiques des cultes. Mais c'est à un tout autre point de vue, vous le savez déjà, que Bonaparte se plaçait quand il signait avec Pie VII la célèbre convention à laquelle

l'Eglise catholique doit la puissance dont
elle jouit aujourd'hui dans notre pays.

Bonaparte et tous les autoritaires qui lui
ont succédé, y compris ceux qui, actuellement, veulent avoir en France un « clergé
national », n'ont jamais considéré la religion
que comme un élément nécessaire au maintien de leur autorité ; obligés de lui donner
une force considérable en la reconnaissant
publiquement et en la faisant respecter par
le peuple, ils n'ignoraient pas que, grâce à
eux, elle acquerrait une grande puissance
sur les esprits, et ils sentaient la nécessité de
limiter cette puissance. Dans son *Exposé des
motifs* du projet de Concordat présenté au
corps législatif dans la séance du 15 ger-
minal an X (5 avril 1802), Portalis écrit les
lignes significatives suivantes : « Dans les
temps les plus calmes, il est de l'intérêt des
gouvernements de ne point renoncer à la
conduite des affaires religieuses ; ces affaires
ont toujours été rangées, par les différents
codes des nations, dans les matières qui
appartiennent à la haute police de l'Etat. »

« Un Etat n'a qu'une autorité précaire
quand il a dans son territoire des hommes
qui exercent une grande influence sur les
esprits et sur les consciences, *sans que ces
hommes lui appartiennent* au moins sous
quelques rapports.

« L'autorisation d'un culte suppose nécessairement l'examen des conditions suivant lesquelles ceux qui le professent se lient à la société, et suivant lesquelles la société promet de les autoriser. La tranquilité publique n'est point assurée si on néglige de savoir ce que sont les ministres de ce culte, ce qui les caractérise, ce qui les distingue des simples citoyens et ministres des autres cultes ; si on ignore sous quelle discipline ils entendent vivre et quels règlements ils promettent d'observer...

« On comprend donc que ce n'était qu'en suivant, par rapport aux différents cultes, le système d'une protection éclairée, qu'on pouvait arriver au système bien combiné d'une surveillance utile. Car, nous l'avons déjà dit, protéger un culte, ce n'est point chercher à le rendre dominant ou exclusif, c'est seulement veiller sur sa doctrine et sur sa police pour que l'Etat puisse diriger les institutions si importantes *vers la plus grande utilité publique.* »

Cette dernière phrase est assez transparente pour qu'un esprit tant soit peu clairvoyant puisse y voir ce qu'elle n'ose pas dire. En réalité, pour Portalis, fidèle mais habile interprète de la pensée de Bonaparte, « protéger un culte, c'est le faire tourner à son profit. »

Dans son rapport au Conseil d'Etat sur les

articles organiques, Portalis met à nu toute la pensée de son maître.

« Il est, dit-il, de l'essence de la religion que sa doctrine soit annoncée ; mais il n'est pas de l'essence de la religion qu'elle le soit par tel prédicateur ou par tel autre ; et il est nécessaire qu'elle le soit par des hommes qui aient la confiance de la patrie. Il est quelquefois même nécessaire, pour la tranquilité publique, que les matières de l'instruction et de la prédication solennelles soient circonscrites par le magistrat. Nous en avons plusieurs exemples dans les Capitulaires de Charlemagne.

« L'Eglise est juge des erreurs contraires à sa morale et à ses dogmes ; mais l'Etat a intérêt d'examiner la forme des décisions dogmatiques, d'en suspendre la publication quand quelques raisons d'Etat l'exigent, de commander le silence sur des points dont la discussion pourrait agiter trop violemment les esprits, et d'empêcher même, dans certaines occurrences, que les consciences ne soient arbitrairement alarmées.

« La prière est un devoir religieux ; mais le choix de l'heure et du lieu que l'on destine à ce devoir est un objet de police.

« L'institution des fêtes, dans leurs rapports avec la piété, appartient au ministre du culte ; mais l'Etat est intéressé à ce que les citoyens ne soient pas trop fréquemment distraits des travaux les plus nécessaires à la société, et que, dans l'institution des fêtes, on ait plus d'égard aux besoins des hommes qu'à la grandeur de l'Etre qu'on se propose d'honorer. »

Vous trouverez fort naturel que nous, ennemis de l'autorité absolue de l'Etat aussi bien qu'adversaires de tout pouvoir personnel, nous considérions la société ou l'Etat comme n'ayant, à l'égard des ministres des cultes, aucun droit de plus qu'à l'égard de tout autre citoyen ; mais nous considérons que le devoir de l'Etat est de soumettre les prêtres des diverses religions à toutes les obligations qui pèsent sur les autres citoyens, de ne leur accorder aucun privilège, de ne leur fournir gratuitement aucun édifice pour leurs cérémonies, de ne leur donner aucun argent et de n'avoir pas plus de respect et de considération pour leurs dogmes et leurs pratiques qu'il n'en a pour les boniments des pitres et les tours des jongleurs. Le jour où la société adoptera cette règle de conduite, les prêtres ne présenteront plus aucun danger, et les ridicules mesures de police prises actuellement à l'égard du culte seront rendues inutiles par l'effondrement des religions.

Bonaparte n'entendait pas seulement exercer sur l'Eglise une surveillance de tous les instants, il tenait encore à transformer les ministres de la religion en agents dociles de son pouvoir. La cour de Rome, si difficile à gagner à d'autres égards, ne fit pas grande résistance en ce qui concerne le rôle de policier que Bonaparte voulait faire jouer aux évêques et aux prêtres. Par l'article 6 du Concordat, chaque évêque ajoute à son serment de fidélité au gouvernement, les paroles suivantes : « Si, dans mon diocèse ou ailleurs, j'apprends qu'il se trame quelque chose au préjudice de l'Etat, je le ferai savoir au gouvernement. »

Les évêques transformés en mouchards, telle est la condition monstrueuse que subissait le souverain Pontife des Catholiques en vue d'obtenir le rétablissement de sa religion dans notre pays. Quelle meilleure preuve pourrais-je vous donner en faveur de mon opinion, qu'au moment où le Concordat fut conclu, la religion catholique était absolument perdue dans notre pays ?

Les évêques ne sont, du reste, pas les seuls agents policiers que crée le Concordat ; tous les prêtres sont soumis aux mêmes conditions. En effet, d'après l'article 7 du Concordat, « Les ecclésiastiques du second ordre, c'est-à-dire tous les prêtres chargés d'une paroisse, prêteront le même serment entre les mains des autorités civiles désignées par le gouvernement. »

On voit que Bonaparte songeait à tout.

Grâce au Concordat, il allait avoir un mouchard patenté, payé, logé, honoré et respecté dans toutes les communes de France. Ce mouchard étant à la fois le représentant officiel de Dieu et le confesseur de toutes les femmes, la police secrète du futur empereur ne pouvait manquer d'être *honorablement* et sûrement faite.

A peine ai-je besoin d'ajouter que les articles 6 et 7 du Concordat ne sont pas ceux qui plaisent le moins à M. Gambetta. Toute dictature a besoin, dans notre pays, d'une police secrète sérieusement faite. C'est sans doute l'un des motifs qui font de M. Gambetta un adepte si ardent du Concordat de Bonaparte. Ce n'est pas, comme on pourrait le croire, un « Clergé national » que le futur dictateur désire posséder, mais tout simplement « une police cléricale ».

Quant à nous, si nous trouvons mauvais qu'on paie les prêtres pour dire des messes, confesser des femmes, enterrer des morts et baptiser des enfants, nous trouvons odieux qu'on les transforme en dénonciateurs des imbéciles qui ont la naïveté de leur ouvrir leur conscience.

L'article 8 du Concordat est particulièrement grave, parce qu'il constitue une sorte d'acte de foi fait par la France à la religion catholique.

D'après cet article : « La formule de prière

suivante sera récitée à la fin de l'office divin, dans toutes les églises catholiques de France : *Domine salvum fac Rempublicam, Domine salvos fac Consules.* »

En exigeant que l'Eglise catholique adresse des prières à son Dieu en faveur de la République et des Consuls, le Concordat reconnaît implicitement non-seulement l'existence, mais encore la puissance de ce Dieu et l'influence auprès de lui de ceux qui s'intitulent ses ministres.

La même faute a été commise par la Constitution de 1875, qui prescrit des prières publiques dans toutes les églises le dimanche qui suit la réunion annuelle des Chambres.

Comment veut-on que le peuple arrive à découvrir la vérité sur les religions et leurs prêtres, quand les pouvoirs publics d'une grande nation, quand les guides moraux et intellectuels du peuple affectent de croire à la vérité de ces religions et à la puissance de leurs divinités ?

Les gouvernants appliquent le mot de Robespierre qui, lui aussi, s'entendait en autorité : « L'athéisme est aristocratique ; les nobles et les bourgeois peuvent bien se passer de Dieu, mais le peuple ne peut se passer de religion. »

Pauvre peuple, éternellement dupé par ceux-là mêmes qui prétendent travailler à son bonheur et à la conquête de ses droits !

VIII

Mes chers Concitoyens,

Dans ma dernière lettre, je me suis occupé de la partie du Concordat et des « Articles organiques » qui se rapportent à l'exercice du culte catholique en France. Je vous ai montré quel soin Bonaparte avait mis à s'emparer de la direction du clergé et avec quelle habileté il avait pris ses mesures pour que la religion devînt entre ses mains l'instrument des projets ambitieux qu'il était sur le point de mettre à exécution. J'ai relevé en même temps ce qui nous paraît injuste et odieux dans ces mesures de police.

Je ne rappellerai que pour mémoire les articles qui mettent entre les mains du gouvernement, d'une manière plus ou moins directe, la nomination des évêques et des curés. D'après l'article 5 du Concordat, les nominations aux évêchés seront faites par le Premier Consul et l'institution catholique sera donnée par le Saint-Siége. Il est manifeste qu'en réalité l'institution canonique est une simple formalité et que le gouvernement est le véritable maître des nominations, ce qui érige les évêques en fonctionnaires de l'État, à peu près au même titre que les Préfets.

L'article 10 du Concordat accorde aux évêques la nomination aux cures, mais « leur choix ne pourra tomber que sur des personnes agréées par le gouvernement. » C'est donc encore, en réalité, ce dernier qui nomme les curés, et ceux-ci ne sont que des fonctionnaires de l'Etat.

Les articles organiques ne font qu'accentuer la situation faite au clergé par le Concordat. Ils interdisent aux évêques de sortir de leur diocèse sans la permission du Premier Consul ; les évêques devront régler l'enseignement donné dans les séminaires sur la déclaration faite par le clergé de France en 1682 ; ils devront tenir à la disposition de l'autorité les noms des élèves et des professeurs des séminaires ; ils ne pourront appeler les fidèles à l'Eglise que de la façon consentie par les Préfets.

Mais si Bonaparte tenait à mettre le clergé et même les doctrines ecclésiastiques dans la main du pouvoir, il se préoccupait en même temps de rétablir l'influence que l'Eglise avait autrefois exercée sur les populations.

Ce n'est pas seulement dans le Concordat et dans les articles organiques que se manifestent les sentiments de Bonaparte sur cet objet. C'est encore dans une série de détails dont quelques-uns sont tellement caractéristiques, que vous me pardonnerez certainement de les rappeler ici :

A peine le Concordat est-il signé que Bonaparte comble d'amitiés de toutes sortes les dignitaires de l'Eglise qui ont pris part à son élaboration. Il envoie au cardinal Consalvi une « boîte » qui, d'après le cardinal, est non-seulement d'un grand prix par les sentiments dont elle témoigne de la part du Premier Consul, mais qui est encore « superbe en elle-même, » et il manifeste l'intention de faire des cadeaux semblables à tous les signataires romains du Concordat.

Ici se place un détail fort curieux. Le ministre français, M. Cacault, lui écrit de Rome, le 20 septembre 1801, au sujet de ces présents, qu'il s'en est entretenu avec le cardinal Consalvi et que celui-ci lui a exprimé la résistance qu'opposait le Pape à ce projet. Le Pape craint que les ennemis de l'Eglise en profitent pour se livrer à la calomnie en l'accusant de s'être laissé séduire par un « intérêt personnel et temporel »; puis, il ajoute : « les présents qui seront faits aux ministres du Pape obligent Sa Sainteté à en faire à ceux qui ont signé la Convention au nom du gouvernement français ; et comme le pape est *misérable*, qu'il n'a rien et qu'on ne lui a laissé que des reliques et des corps saints, *seule matière dont il ait jamais fait des présents, et comme cette matière n'a plus aujourd'hui de valeur en France*, on sera véritablement gêné et fort embarrassé ici de la nécessité de restituer à Paris les présents. »

Cependant le Pape ne tarde pas à se raviser. Le 23 septembre 1801, M. Cacault écrit : « Malgré l'opposition que le Pape et le cardinal Consalvi ont montrée à ce qu'il soit fait des présents, je vois qu'ils ont fini par être charmés de ceux qui ont eu lieu. » Il ajoute : « Le présent de la boîte enrichie de diamants a été reçu avec joie : on le montre à tout le monde. » Il émet l'avis qu'il faut continuer dans cette voie et que les présents qu'il « propose pour Monseigneur di Pietro et pour MM. Evangiliste frères, ne pourront produire qu'un très bon effet. » Il annonce que, de son côté, le Pape se propose de faire des présents aux signataires français et qu'il « montre avec plaisir le Concordat, la ratification, le tout peint à merveille, sur de beau parchemin, qu'il veut qu'on achète à Paris les présents à faire aux plénipotentiaires français et que « Sa Sainteté, contente, ravie du succès de l'affaire, veut faire les choses très bien. » .

Quelques jours plus tard, il annonce à M. de Tailleyran l'envoi d'une copie du Concor-

dat faite sur parchemin par les ordres du
Pape, « avec beaucoup de soin », et celui de
la Bulle ; « l'une et l'autre de ces pièces,
dit-il, a une très belle reliure ; le cachet du
pape, l'anneau de Saint-Pierre est dans une
belle boîte de vermeil. Tout a été fait avec la
magnificence dont vous avez donné l'exemple. » Il ajoute, en post-scriptum, que le
Pape envoie à Madame Bonaparte « une autre
boîte contenant un chapelet de la même
qualité que ceux que le Pape donne aux
grandes princesses. Les grains sont en lapis
lazuli. La vierge est un camée entouré de
petits diamants. C'est tout ce qu'on pouvait
faire de mieux dans ce genre. »

Bonaparte se préoccupe aussi de faire des
cadeaux aux nouveaux évêques. Le 4 août
1802, il charge M. Martois, par une lettre
publiée dans sa correspondance, de recher-
cher s'il existe dans le trésor de l'Etat des
pièces susceptibles d'être montées en anneaux épiscopaux, parce qu'il se propose de
faire présent de ces anneaux à cinquante
évêques, à l'occasion de la fête du 15 août
suivant.

L'objet de ces cadeaux était de témoigner
de la bonne amitié qui, désormais, unirait la
cour de Rome et la République française.
C'est dans le même but que Bonaparte donna
le plus grand éclat à la célébration de la
cérémonie religieuse destinée à marquer le

rétablissement de la religion catholique en France.

Bonaparte, à partir de ce jour, ne manque pas une seule occasion de manifester son respect pour la religion. Il ne néglige pour cela aucun détail, si minime qu'il soit.

Le 22 décembre 1802, il charge Portalis de prendre les mesures convenables pour interdire tout sarcasme contre la religion et ses pratiques. Il lui écrit « que faire des sarcasmes n'est pas administrer, que la croix est le signe de la religion catholique et que *ne pas respecter la religion, c'est n'avoir aucune idée saine et morale* et se livrer à un libertinage d'esprit propre à désorganiser la société. »

Des citoyens se plaignant de ce que certains maires imposent aux habitants de tapisser le devant de leurs maisons pour la procession de la Fête-Dieu, Bonaparte répond, le 18 septembre 1802: « Le principe est que, la loi permettant que le culte soit public dans les lieux où un seul culte est professé, l'ordonnance civile est juste. Elle doit être approuvée. » Tant pis pour les libres-penseurs ; de par la volonté du Premier Consul, ils devront faire acte public de respect envers une religion à laquelle ils ne croient pas. Ainsi le veulent les intérêts de Bonaparte.

Certains préfets avaient montré de la répugnance à accepter quelques honneurs que le clergé avait jadis l'habitude d'accorder aux

représentants du roi ; Bonaparte les répri-
mande sévèrement ; il écrit au ministre, le
9 avril 1803 ; « Vous voudrez bien faire remarquer aux préfets qu'ils ne doivent point
refuser, dans les églises, l'encens et les
autres honneurs qui seraient rendus aux
fonctions qu'ils exercent. »

Le 24 mars 1803, il charge Portalis de
prendre des mesures pour que chaque église
ait une choche.

Le préfet d'Indre-et-Loire avait imaginé
un annuaire formé de noms de divinités du
paganisme et avait invité ses administrés à y
puiser les noms de baptême de leurs enfants.
Cela était évidemment aussi ridicule que des-
potique ; mais Bonaparte répond par un
ordre non moins ridicule et non moins des-
potique, en date du 26 août 1802 : « On ne
peut donner, au baptême, que les noms portés dans le calendrier (grégorien). »

Il apprend qu'un certain abbé de Damas
ne portait jamais l'habit ecclésiastique ; il
charge immédiatement Portalis d'écrire à
l'archevêque de Paris pour l'inviter à obliger
ce prêtre à porter l'habit de son état. Il
montre ainsi qu'il connaît toute l'importance
des manifestations extérieures de la religion
sur l'esprit inculte du peuple, pour lequel,
quoi qu'en dise le proverbe, c'est surtout
l'habit qui fait le moine.

Il se préoccupe, du reste, en même temps,

de moyens plus efficaces de réveiller les habitudes religieuses. Dans ce but, il insiste auprès du cardinal Caprera pour que le Pape ordonne un Jubilé général, ce qui fut fait par une bulle papale à la fin de 1803.

Il ne s'était pas trompé, d'ailleurs, sur l'effet qu'il espérait du Jubilé. Le peuple montra, dans cette occasion, avec quelle docilité il se courbe sous la volonté d'un maître. Le 19 juillet 1804, l'évêque d'Orléans écrit au pape une lettre qui mérite d'être reproduite ici, parce qu'elle constitue une flétrissure bien méritée pour ce peuple qui, après avoir renversé les autels de la Vierge, fait asseoir sur les tabernacles la déesse Raison et dansé la carmagnole dans les églises, s'en allait pieusement recevoir, de la main des prêtres rentrés dans leurs temples, l'hostie qu'il avait couverte de ses ordures. Quand les généraux de la République assistaient, aux côtés de Bonaparte, à l'église Notre-Dame, le jour de Pâques 1802, au *Te Deum* chanté en l'honneur de rétablissement du culte, ils pouvaient du moins s'excuser sur les ordres qu'ils avaient reçus du chef de l'Etat ; la plupart, du reste, témoignaient, par leur tenue et leur langage, de la mauvaise humeur que provoquait en eux cet ordre, et l'un deux n'hésitait pas à traiter de mascarade la cérémonie religieuse que décoraient ses épaulettes. Mais quels motifs autres que la lâcheté acquise par des siècles de servitude, pouvaient invoquer les Français qui se courbaient devant les évêques imposés par la volonté du Premier Consul ?

L'évêque d'Orléans, dans la lettre dont j'ai parlé plus haut, écrit au Pape que le Jubilé a produit, dans son diocèse, les plus admirables résultats. « Rien, dit-il, n'était plus auguste et plus édifiant que les cérémonies qui l'ont accompagné. Une foule immense suivait, avec le silence du recueillement et de la dévotion, les processions et stations ordonnées. Je fus même obligé de placer à la tête des processions auxquelles je présidais, des détachements de cavalerie offerts par les généraux eux-mêmes, pour fendre la presse et pouvoir pénétrer dans les églises stationnales. Le ciel a béni ces dispositions heureuses. Partout, les tribunaux de la pénitence ont été assiégés, les pécheurs se sont convertis, les mariages contractés civilement ont été bénis, ceux qui l'avaient été avec quelque empêchement canonique ont été validés, les ennemis se sont réconciliés, la paix et la charité ont repris leurs droits ; des incrédules, ci-devant persécuteurs de l'Eglise affligée, se sont réunis à elle pour vivre dans son sein. En un mot, sur environ cinq cent mille âmes qui forment mon diocèse, je n'ai pas eu la douleur d'en

compter trente mille qui n'aient approché du
tribunal de la pénitence. Ce nombre suffit,
et au-delà, pour affliger mon cœur ; mais à la
suite de tant de malheurs et d'impiétés,
pouvait-on espérer une moisson aussi abondante ? »

Non certes, on ne pouvait pas espérer
« une moisson aussi abondante » de rené-
gats de leurs actes, de leurs paroles, de leur
incrédulité de la veille. Le spectacle de ce
peuple encombrant les églises qu'il semblait
devoir laisser tomber en ruines après les
avoir souillées de ses saturnales, obéissant
au doigt et à l'œil à la moindre volonté de
son nouveau maître et faisant litière, dans le
seul but de lui complaire, de sa haine pour
le prêtre qui avait exploité pendant tant de
siècles sa misère, ce spectacle était bien fait
pour encourager Bonaparte dans ses ambitieux projets. Le peuple qui allait demander
« au tribunal de la pénitence » l'absolution
de ses dix ans de liberté et de ses luttes révolutionnaires, était prêt à courber son front
sans la botte du soldat qui rêvait la restauration du trône de Charlemagne.

L'exemple de ces défaillances et de cette
servilité venait d'ailleurs de très-haut. Le
jour de la cérémonie de Notre-Dame, le peuple avait vu les membres du Tribunat, du
Corps législatif et du Sénat, c'est-à-dire tous
les représentants de la souveraineté nationale.

se ranger de chaque côté de l'autel et s'incliner, au nom de la France, devant les prêtres redevenus puissants.

Ce jour-là, on aurait pu dire que l'empire
était fait.

Tandis que Bonaparte se préoccupait de
rendre au clergé le respect dont il était
entouré avant la Révolution, il n'oubliait pas
les ordres religieux qui avaient joui autrefois
d'une certaine popularité et qu'il jugeait
aptes à lui rendre quelques services. Au
premier rang de ces ordres, se trouvait celui
des sœurs de charité de Saint-Vincent de
Paul, qu'il avait pris l'habitude d'appeler
« ses bonnes filles. » Il s'empressa, aussitôt
après la signature du Concordat, de les rétablir dans leurs couvents, et leur confia non-
seulement le soin des malades, mais encore
l'éducation des filles du peuple, sachant fort
bien que l'instruction qu'elles étaient capables de donner, ne serait dangereuse ni par
son étendue ni par sa nature. La sœur de
charité, bien traitée, pouvait lui être d'une
grande utilité dans le maniement des esprits
de la classe ouvrière et pauvre.

Ce n'est pas seulement de l'Eglise de
France qu'il s'occupe. Il prend encore entre
ses mains les intérêts de la religion catholique dans les autres nations de l'Europe.

L'Allemagne venait de décider la suppression totale des couvents. Le Pape s'adresse à

Bonaparte et le prie d'intervenir auprès des Allemands pour les faire revenir sur cette décision. Le Premier Consul se met aussitôt à l'œuvre, et, sans la guerre qui ne tarda pas à éclater, il aurait probablement obtenu ce que lui demandait Pie VII. L'écrivain catholique Theiner a soin de nous dire que « ce projet n'en est pas moins une gloire pour Napoléon, parce qu'il a été le germe des Concordats allemands que plus tard Pie VII et Léon XII conclurent avec les Etats de Bavière, de Prusse, de Wurtemberg, de Bade et de Nassau. »

Il obtint d'ailleurs de la diète de Ratisbonne une certaine satisfaction ; sur sa demande, le collége catholique de Ratisbonne put rester ouvert et conserver ses biens, qui étaient très considérables. Bonaparte avait fait connaître « qu'il s'intéressait à cette maison et qu'il désirait qu'on lui laissât tous les biens qui lui étaient affectés, *afin que les catholiques écossais* pussent avoir un moyen de s'instruire. » Je dois ajouter que les biens de ce collége provenaient en grande partie des libéralités du gouvernement bavarois et qu'ils pouvaient être considérés, avec quelque raison, comme des biens nationaux.

En même temps, toujours sur la demande du Pape, Bonaparte s'intéresse aux catholiques de la Suisse et s'érige en protecteur de leurs intérêts, ne dédaignant pas de descen-

dre, pour leur être agréable, aux plus min-
ces détails. Il intervient, par exemple, auprès
de la Confédération suisse pour qu'elle livre
aux catholiques une église qui avait été enlevée à ce culte en 1535; et mérite que le
curé Lacoste écrive au cardinal légat une
lettre dans laquelle on lit : « Votre Eminence
apprendra avec satisfaction que nous sommes à la veille d'ouvrir à Genève une église
catholique, *à Genève même*. C'est une ancienne paroisse de cette ville, située dans le
centre, dite de Saint-Germain, et où nos
augustes mystères n'avaient plus été célébrés depuis 1535. Le rétablissement de notre
culte *dans celle de toutes les contrées qui y
avaient montré le plus d'opposition*, est un des
fruits heureux du Concordat ; c'est un éclatant triomphe de notre religion, qui nous fait
dire : le doigt de Dieu est ici. »

Ce n'est point le doigt de Dieu qui était là,
c'était la puissance de la France mise au
service de la cour de Rome par un Corse
ambitieux.

Les intérêts de l'Eglise le préoccupent tellement, il a un si vif désir de la répandre et
de la fortifier, qu'il ne se contente pas de
protéger les catholiques dans les pays protestants ; il se montre encore hostile aux
protestants dans les pays catholiques. Exemple : il blâme vivement le préfet de la
Meurthe, parce que, sur la demande des pro-

testants de Nancy, il a mis obstacle à des processions. Il lui fait écrire que « c'est s'appuyer sur une vaine subtilité que d'empêcher l'exercice extérieur du culte catholique, sous prétexte qu'une pétition a été présentée par des protestants ; qu'il devient responsable du scandale causé par des *mauvais sujets*, *fanatiques d'irréligion*, dont il devait prévenir ou réprimer les excès. » Il le blâme en même temps d'avoir autorisé les protestants de Nancy à bâtir un temple.

————————

IX

Mes chers Concitoyens,

Donner à l'Eglise des honneurs, lui faire rendre par le peuple les hommages dont elle avait été sevrée pendant la Révolution, c'était, aux yeux du Pape, une œuvre pie, mais insuffisante. Christ a dit que l'homme ne vit pas seulement de pain, mais encore de la parole de Dieu ; en retournant ce mot, on pourrait dire que le prêtre ne vit pas seulement de ses entretiens avec le Tout-puissant, mais qu'il lui faut aussi du pain, avec du beurre par dessus, et un peu de vin pour l'arroser.

Bonaparte n'ignorait pas cela. Il voulait, d'ailleurs, transformer les ministres des divers cultes en fonctionnaires à sa dévotion et à ses ordres, et, pour cela, il fallait les payer. L'un de ses premiers soins fut donc d'introduire dans le Concordat le principe du traitement du clergé par l'Etat.

Il ne faisait, d'ailleurs, en cela, que suivre l'exemple des plus illustres révolutionnaires. Avec Mirabeau, la plupart des hommes de 89 et de 93 considéraient le service de la religion comme une portion des services publics, et le prêtre comme un fonctionnaire de l'Etat.

C'est cette même idée que nous retrouvons chez les jacobins de notre époque. Idée absolument fausse. Il est, en effet, impossible de considérer le prêtre comme un fonctionnaire public alors qu'il exerce son ministère religieux, qu'il confesse ou dit la messe ; or, si, dans ces moments, qui sont les plus solennels de sa vie aux yeux des croyants, il n'est pas fonctionnaire, comment pourrait-il l'être à d'autres ? Est-il possible de dédoubler un homme au point qu'il soit un agent de l'Etat pendant la moitié de sa vie et qu'il cesse de l'être pendant l'autre moitié ?

Quoi qu'il en soit, Bonaparte et les jacobins étaient dans la logique de leurs principes lorsqu'ils faisaient du prêtre un fonctionnaire public et, à ce titre, lui assignaient un traitement payable par le trésor public. La religion n'étant, à leur yeux, qu'un des mille instruments de l'Autorité, ils ne pouvaient faire autrement que d'assimiler ses ministres aux agents de la force publique.

Au moment où furent discutées les clauses du Concordat, la question du traitement des ministres du culte se compliquait de celle des biens du clergé, qui avaient été confisqués pendant la Révolution.

Le Pape aurait bien voulu pouvoir remettre cette question sur le tapis. Les membres du haut clergé, qui avaient perdu des biens considérables, le poussaient à réclamer la restitution de ces biens mais Pie VII ne pouvait se faire aucune illusion sur l'issue des démarches qu'on l'engageait à faire, et il jugea plus prudent de s'en abstenir.

Bonaparte, de son côté, n'aurait jamais pu consentir à la restitution des biens qui avaient été légitimement acquis par des citoyens français et avaient déjà été l'objet de nombreuses mutations.

Restituer ces biens au clergé, c'eût été ameuter contre le gouvernement presque tout le peuple des campagnes. Il n'était pas homme à commettre une pareille faute.

Ni le Pape ni le Premier Consul n'étant disposés à agiter cette question, elle fut assez promptement résolue.

Après une résistance de pure forme, Pie VII donna son approbation à l'article 13 du Concordat qu'il est bon de rappeler ici : « Sa Sainteté, pour le bien de la paix et le rétablissement de la religion catholique, déclare que ni elle ni ses successeurs ne troubleront en aucune manière les acquéreurs des biens ecclésiastiques aliénés, et qu'en conséquence la propriété de ces mêmes biens, les droits et revenus y attachés, demeureront incommutables entre leurs mains ou celles de leurs ayant cause. »

Cet article est intéressant parce qu'il constitue, de la part de l'Église, une renonciation pure et simple à ses prétendus droits sur les biens qui avaient été confisqués au clergé. Aucune condition n'est mise à cette renonciation que « l'heureux rétablissement de la religion catholique. »

C'est là une réponse topique à ceux qui prétendent que les traitements actuels du clergé constituent, en quelque sorte, la rente du capital confisqué, rente qui devrait, suivant eux, être servie à perpétuité.

Le Pape Pie VII était trop habile homme pour ignorer que la confiscation des biens ecclésiastiques était un de ces actes révolutionnaires contre lesquels il est permis de crier, mais qui, une fois accomplis, sont absolument irréparables.

Il se trouve des gens pour discuter si l'on avait ou non *le droit* de confisquer, en 93, les biens accumulés par le clergé pendant de longs siècles, grâce à l'influence considérable qu'il exerçait sur l'esprit des croyants et aux habiles manœuvres qui ont toujours fait sa force. Je considère ces discussions comme tout à fait oiseuses. La confiscation des biens ecclésiastiques est, à mes yeux, je le répète, un de ces actes que les peuples accomplissent aux heures de révolution, par lesquels ils brisent le passé et créent une situation nouvelle plus conforme à l'état nouveau des esprits. La justification de ces actes se trouve dans le seul fait de leur acceptation par la société tout entière, malgré l'opposition des intéressés. C'est de cette manière que nous envisageons comme nécessaire la restitution à la société, dans le moment présent, des biens accumulés par les congrégations depuis la fin du siècle dernier, grâce aux privilèges de toutes sortes qui leur ont été concédés par les gouvernements, alors que tout droit analogue était refusé aux autres associations.

C'est à ce point de vue que se plaçait, avec raison, Bonaparte, quand il exigeait de la cour de Rome la reconnaissance pure et simple des faits accomplis. Bernier écrivait à cet égard, le 15 novembre 1800, à Spina : « L'immensité des sacrifices que la France a faits pendant la Révolution, est connue de toute l'Europe. Il n'est pas une classe, pas une portion de citoyens quelconques, qui n'ait été frappée : toutes ont subi cette nécessité souvent fatale qui fait des besoins de l'Etat la première de toutes les lois. Toutes ont fait à la patrie *l'offrande* indispensable de leurs bras ou de leurs facultés. Dans ces moments de crise, il était impossible que le clergé français ne ressentît pas le malheur des circonstances et ne fut pas forcé, par le torrent révolutionnaire à se soumettre à *tous les sacrifices* qu'elles lui commandaient. Ses biens immenses sont devenus l'hypothèque des créanciers de l'Etat. Les lois et la constitution l'en ont également privé. Cette expropriation, nécessitée par les besoins de l'Etat, est maintenant *consommée*. Ces biens ont passé des mains des possesseurs ou titulaires dans celles des acquéreurs. La loi donne à ceux-ci un titre, et le gouvernement une garantie. Ce titre, cette garantie reposent essentiellement sur la foi publique : vouloir les altérer ou les enfreindre, ce serait ouvrir la porte à de nouveaux troubles et appeler contre l'Eglise le mécontentement et la haine d'une partie des Français. Cette effrayante idée, Monseigneur, doit être la mesure du jugement que portera l'Eglise sur ces sortes d'acquisitions. La nécessité les commande, le besoin les exige, la loi de l'Etat les approuve, la constitution les garantit, le bien de la paix, le repos de l'Etat, le rétablissement de la religion au milieu de nous, en un mot, la réunion de la France avec l'Eglise de Rome dépendent essentiellement de la conservation de ces acquisitions. Ces motifs sont trop puissants pour ne pas faire sur l'esprit et le cœur de Sa Sainteté la plus vive impression. Nous lui proposons donc, par votre organe, Monseigneur, d'adopter *comme principe fondamental de toute*

réunion, que les acquisitions des biens ecclésiastiques dits *nationaux* seront maintenues
et ratifiées par l'Eglise, au nom de laquelle
le Saint-Siége ordonnera, tant aux ecclésiastiques qu'aux fidèles, de ne troubler en aucune manière les possesseurs actuels de ces
mêmes biens et de regarder l'acquisition
qu'ils en ont faite comme un titre légal. »

Cette lettre ne laisse, on le voit, aucun
doute sur la façon dont la question fut posée
par le gouvernement français. Bernier demandait au Pape, au nom du Premier Consul,
de reconnaître purement et simplement le
fait accompli et de s'engager, tant en son
nom qu'en celui de ses successeurs, à ne
troubler en aucune manière les acquéreurs
des biens nationaux. Aucune condition n'était
mise à cet engagement que celle du rétablissement en France de la religion catholique.

La cour de Rome eut quelques hésitations.
Theiner, l'écrivain catholique dont j'ai parlé
à diverses reprises, raconte que Spina répondit à cette note « par un long mémoire,
où il développa, avec une grande connaissance des lois canoniques, l'injustice de
l'usurpation des biens ecclésiastiques en général, et la nécessité d'en restituer une partie, si cela était possible, et, dans le cas où
l'on perdrait tout espoir de sauver quelque
chose du naufrage, il proposait de rétablir
au moins les dîmes, comme un des meilleurs

moyens de fournir au clergé une subsistance honnête et canonique. »

C'est Theiner lui-même qui souligne les passages mis ci-dessus en italique ; et il s'empresse d'ajouter : « Qui ne voit que cette mesure était la plus impopulaire et la plus inexécutable ? Aussi le gouvernement ne fit aucune attention à ce mémoire et persista dans sa demande. »

Nous savons déjà que la Cour de Rome y consentit assez facilement, et qu'il résulta de l'accord entre le Pape et le Premier Consul, l'article 13 du Concordat que j'ai cité plus haut.

Aucun lien n'existe donc entre cet article, qui est une consécration des faits accomplis, et ceux qui sont relatifs soit aux traitements des ministres du culte catholique, soit aux divers avantages pécuniaires qui leur furent accordés et que nous devons rappeler.

L'article 14 établit : « Le gouvernement assurera un traitement convenable aux évêques et aux curés dont les diocèses seront compris dans la circonscription nouvelle. »

Les conditions indiquées dans cet article, pour que les membres du clergé reçoivent un traitement, ont été beaucoup dépassées par Bonaparte lui-même et par tous les gouvernements qui lui ont succédé. Des évêchés nouveaux, non prévus par les articles organiques joints au Concordat qui établissent

« la nouvelle circonscription », furent créés et traités sur le même pied que les autres ; des desservants, des vicaires, des chanoines reçurent des traitements que le Concordat attribue aux évêques et aux curés seuls, etc.

Dès le 14 juin 1802, Bonaparte écrit au Pape : « Les évêques sont partout reçus d'une manière édifiante et extrêmement honorable. De nouvelles mesures viennent d'être prises pour *améliorer leur existence temporelle*. J'ai fait doter tous les vicaires généraux, les chanoines et les séminaires. Tous les prêtres et moines, même ceux qui ont été déportés, ont leurs pensions et par là une existence honorable.

Bonaparte donnait, en effet, l'argent, à pleines mains, au clergé. Le 17 novembre 1802, il fait remettre à l'évêque de Vannes l'ancien couvent des Carmes, pour qu'il en fasse sa résidence, et lui donne dix mille francs pour frais de premier établissement. Le 6 octobre 1802, il fait restituer au clergé de Paris le séminaire de Saint-Sulpice, qui avait été confisqué pendant la Révolution. Le 27 décembre de la même année, il fait attribuer par décret, à tous les évêques démissionnaires et rentrés en France, une pension de retraite égale au tiers du traitement des évêques en activité. Afin que les prêtres des succursales fussent en mesure d'avoir un traitement que n'avait pas prévu le Con-

cordat, il autorisa, le 6 mai 1802, les évêques
à accepter la donation de biens fonds dont le
revenu serait employé au payement des prêtres succursalistes. En attendant, il fait des
cadeaux d'argent à ces derniers. Le 12 mai
1802, il fait remettre à l'évêque de La Rochelle
neuf mille francs pour être distribués aux
succursalistes de son diocèse ayant le plus
d'instruction, se conduisant le mieux « et
montrant le plus d'attachement au Concordat
et au gouvernement. » Il donne, vers la
même époque, quinze mille francs à l'évêque
du Morbihan pour qu'il les distribue de
la même façon et dans les mêmes conditions.

On voit que Bonaparte s'entendait à gagner
les bonnes grâces des serviteurs de Dieu.
Mais le budget des cultes ne pouvait, de la
sorte, que s'accroître rapidement, dans des
proportions considérables, proportions qui
n'ont fait qu'augmenter depuis le commencement du siècle et qui ont atteint leur
maximum sous notre troisième République,
grâce à la préoccupation constante que montrent M. Gambetta et ses amis de mériter les
bonnes grâces du clergé.

En attendant que le budget des cultes soit
entièrement supprimé, on pourrait faire disparaître tous les traitements non prévus par
le Concordat ; mais ce ne serait qu'une mesure fort insuffisante, un moyen de faire
crier l'anguille sans l'écorcher, auquel nous

préférons, à tous les points de vue, l'abrogation complète du Concordat, la suppression
totale du budget des cultes et la séparation
absolue des Eglises et de l'Etat.

L'article 15 du Concordat concède au clergé
un droit souverainement dangereux, ou,
pour mieux dire, un privilége exorbitant. Le
voici dans toute sa crudité : « Le gouvernement français prendra des mesures pour que
les catholiques français puissent, s'ils le veulent, faire en faveur des églises des fondations. » C'était accorder à l'Eglise catholique
la faculté de rétablir les biens de main morte
que la Révolution avait confisqués ; c'était
l'encourager à trafiquer de la crédulité des
simples et de la faiblesse des moribonds
pour reconstituer, par des fondations, la fortune improductive de l'ancien clergé.

D'après l'article 12, qui complète la partie
du Concordat relative aux avantages pécuniaires faits au clergé : « Toutes les églises
métropolitaines, paroissiales et autres non
aliénées, nécessaires au culte, seront mises à
la disposition des évêques. »

On donnait ainsi aux prêtres, de l'argent
pour vivre, des privilèges pour faire fortune
et des temples pour célébrer des mystères
ridicules et répandre des doctrines si fantas-
ques que le dernier des écoliers ne tardera
pas à en rire.

Les articles organiques allèrent plus loin

encore. Ils attribuèrent aux évêques des évêchés et aux curés des presbytères, c'est-à-dire le logement après la nourriture.

Par une suite d'arrêtés et de décrets dans lesquels il serait trop long d'entrer ici, les privilèges du clergé furent encore augmentés par l'empire et par les gouvernements ultérieurs. Les séminaristes furent exemptés du service militaire, les petits séminaires furent dotés de bourses nombreuses, etc. On avait accordé à l'Eglise un pied dans l'Etat, elle ne tarda pas à en prendre quatre, et elle les prit si bien qu'après trois révolutions faites par le peuple depuis le Concordat, elle les occupe encore.

A peine les évêques furent-ils nommés et installés que Bonaparte voulut avoir des cardinaux ; il en demanda sept au Pape. Au moment de la Révolution, la France n'en comptait que cinq, mais l'Autriche en possédait sept ; Bonaparte en voulait autant que l'Autriche, afin d'avoir autant de voix que cette puissance dans les Conclaves qui élèvent les papes, et de pouvoir ainsi jouer son rôle dans la direction suprême de l'Eglise catholique. La négociation fut longue, parce que le Pape objectait que l'usage constant de la cour de Rome était de consulter toutes les puissances catholiques lorsqu'on créait dans l'une d'entre elles plusieurs cardinaux à la fois, et manifestait la crainte que la nomination des sept cardinaux demandés par Bonaparte n'indisposât les cours catholiques de Vienne, de Madrid et de Lisbonne.

Le Pape faisait, en outre, remarquer au Premier Consul qu'il existait déjà un certain nombre de cardinaux français et que tous ceux de la République Cisalpine pouvaient être considérés comme appartenant à la France, puisque Bonaparte était président de cette République.

Mais Bonaparte ne voulut rien entendre ; il lui fallait des cardinaux tout neufs, faits à son intention, choisis par lui-même parmi ses créatures et décidés à être ses agents principaux dans la direction du clergé de France. Il ne céda que sur le nombre et finit par se contenter des cinq places qui étaient alors vacantes dans le Sacré-Collège.

Les nouveaux cardinaux furent proclamés dans le consistoire du 17 janvier 1803. Le ministre de France à Rome, M. Cacault, dont le nom a été bien des fois cité dans ces lettres, ne se méprenait pas sur les sentiments qui avaient guidé Bonaparte dans toute l'affaire du Concordat et dans les négociations relatives aux cardinaux. Il savait fort bien qu'en rétablissant l'Eglise de France, Bonaparte posait les premières pierres de son trône. « Il conseilla, dit Theiner, au Premier Consul de saisir aussi cette circonstance afin *de prendre de plus en plus les allures d'un*

véritable roi de France. L'étiquette voulait
que les cardinaux, surtout ceux qui rési-
daient en cour, c'est-à-dire à Rome, souhai-
tassent les bonnes fêtes de Noël, chaque
année, aux souverains catholiques. Il ne
manqua pas d'avertir M. Talleyran de cet
ancien et louable usage, en lui insinuant, en
même temps, de vouloir le faire maintenir
par le Premier Consul, d'autant plus que les
cardinaux eux-mêmes se montraient très-
empressés de remplir cet acte de courtoisie
envers le chef du gouvernement de France,
« successeur, de fait, des rois. »

Bonaparte donna un grand éclat à la cérémonie de la barrette, cérémonie grotesque,
dans laquelle le chef de l'Etat dépose sur la
tête des nouveaux cardinaux la calotte rouge
qui est la marque de leur dignité. Theiner
dit à ce sujet : « Napoléon, dont le goût pour
le pouvoir absolu ne se déguisait plus sous
la toge consulaire, ne faillit pas à une cérémonie qui tenait à sa prérogative de souverain. Il donna la barrette aux quatre cardinaux de Bellay, Fesch, de Boisgelin et
Cambacérès, tout comme aurait fait le plus
grand potentat, Louis XIV lui-même, avec
l'autorité et la dignité d'un monarque de
vieille souche. »

Il est inutile de dire que si Bonaparte
jouait déjà au potentat, l'Eglise ne manquait
pas de lui être profondément reconnaissante

des honneurs, des avantages pécuniaires et de la situation prépondérante qu'elle lui devait. L'un des nouveaux cardinaux, M. de Bellay, se fit, après la cérémonie, l'interprète des catholiques auprès du restaurateur de la religion catholique. « Vous avez pensé, lui dit-il au nom de ses collègues, au nom de tout le clergé de France, qu'une religion dictée par Dieu, pour le bonheur des hommes et la félicité des Etats, devait se présenter avec un appareil et une pompe capables d'élever les pensées vers le ciel et d'inspirer un *pieux respect* pour les cérémonies et les fonctions du saint ministère. Vous avez, à cet effet, rendu à la pompe romaine son ancien éclat, qui, depuis quelques années, semblait comme enseveli sous les ruines du sanctuaire, et vous avez daigné nous en faire décorer. Pénétrés de reconnaissance de tant de bienfaits, nous venons, citoyen Premier Consul, vous présenter l'hommage respectueux de nos justes remerciements ; nos temples retentiront de toutes parts d'actions de grâces et de nos vœux pour la précieuse conservation de vos jours et pour la continuation de la gloire dont ils sont constamment environnés. *Le clergé n'oubliera jamais que c'est à votre piété et à vos bontés qu'il doit son existence actuelle ;* il se fera joujours un devoir et un sujet de joie d'*enseigner et de prêcher au peuple,* par ses paroles et par ses exemples, *le respect et la soumission qui vous sont dues.* »

Les barrettes coûtaient un peu cher aux travailleurs du bon pays de France. Par un arrêté du 26 février 1803, le traitement des cardinaux était établi de la façon suivante :

Art. 1er. — Il sera donné à chaque cardinal français, une somme de 45.000 francs, pour subvenir aux frais d'installation.

Art. 2 — Il leur sera payé, tous les ans, 30.000 francs, indépendamment de tout autre traitement, pour les mettre à même de soutenir la dignité de leur état.

Avec la nomination des cardinaux et l'arrêté qui fixait leurs énormes honoraires, l'œuvre concordataire était accomplie.

Il ne restait plus aux deux parties contractantes, l'Eglise et le Premier Consul, qu'à recueillir les bénéfices de leur alliance.

Deux ans après la signature du Concordat, l'église catholique avait retrouvé son ancienne splendeur dans un pays qui avait chassé, massacré, dépouillé ses prêtres ; elle rentrait triomphante dans ses temples, couvrait les rues et places publiques de ses emblèmes, les encombrait de ses processions et reprenait l'œuvre d'abêtissement que la Révolution avait interrompue. Bonaparte recevait la couronne impériale des mains de

Pie VII. Quant au peuple, ayant perdu jusqu'au souvenir de ses révoltes, il s'agenouillait servilement devant le sabre de l'Empereur et la mule du Pape.

_____

X

Les conclusions de l'étude du Concordat que j'ai faite dans mes précédentes lettres sont faciles à formuler, surtout si l'on ajoute aux faits que j'ai exposés, les réflexions que fait surgir à l'esprit de tout observateur désintéressé, la connaissance du développement que prit en France la religion catholique, après la signature du Concordat.

En signant cet acte, Bonaparte et Pie VII étaient dominés par des préoccupations très-différentes.

Bonaparte voulait gagner les sympathies du clergé, en faire l'ouvrier de l'édification du trône impérial sur lequel il rêvait de s'asseoir et l'un des instruments de domination de son règne. En politique habile, en despote solidement instruit des conditions inhérentes à l'exercice de l'autorité, il savait que tout pouvoir monarchique doit s'appuyer sur ces trois colonnes de l'Autorité : le soldat, le juge, le prêtre. Il disposait déjà du soldat, enchaîné par les victoires remportées, séduit par les honneurs qu'il avait recueillis en vingt points de l'Europe, et surexcité par les appétits malsains que provoque l'envie des galons et des croix. Il ne tarderait pas à avoir le magistrat, toujours prêt à faire incliner la justice devant le sabre. Il lui manquait le prêtre. Le Concordat, en rendant à la religion catholique son prestige et une partie de ses avantages terrestres, ne pouvait manquer de gagner à sa cause, cette troisième puissance, supérieure aux deux autres.

Pour atteindre son but, pour en arriver comme disait Bourrienne, « à se faire casser la petite fiole sur la tête, » il faisait à l'Eglise, dans le Concordat, presque toutes les concessions qu'elle avait exigées, se promettant bien, dans son for intérieur, de reprendre plus tard une partie des choses concédées et de limiter par des lois nouvelles et par les mesures de police prévues dans le Concordat, la puissance des évêques et des prêtres. C'est dans ce but que furent rédigés les Articles organiques dont j'ai parlé dans une précédente lettre.

Mais tandis que Bonaparte se réservait de maintenir la puissance de l'Eglise sous la domination de celle de l'Etat, Pie VII comptait sur la force accumulée pendant les siècles passés, par la papauté, pour contrebalancer les efforts de Bonaparte. Il savait que partout où la religion catholique est autorisée à s'introduire, elle ne tarde pas à envahir la place entière ; et il n'ignorait pas davanage que la France, malgré la désaffection à l'égard de l'Eglise qui commençait à la gagner, serait facile à ramener à un culte vers lequel l'attirait son ignorance, son passé, ses caractères de race et son éducation toute latine.

C'est par là qu'il est facile d'expliquer l'importance prépondérante que Pie VII attacha, dans la rédaction du Concordat, à tout ce qui pouvait donner quelque éclat à l'Eglise française, tandis qu'il passa beaucoup plus facilement sur les articles relatifs au traitement des ministres du culte. Pie VII ne se préoccupait guère de ce dernier point, parce qu'il savait bien qu'une fois les français revenus aux pratiques religieuses de leurs ancêtres, il serait impossible à Bonaparte ou à ses successeurs de refuser aux prêtres les avantages pécuniaires que réclameraient pour eux les catholiques. Il n'avait présenté non plus aucune objection relativement aux articles qui plaçaient les prêtres sous la direction et la surveillance du pouvoir séculier, parce qu'il voyait pour eux un avantage à être traités comme des fonctionnaires, alors que Bonaparte s'imaginait les tenir par là sous la domination absolue de l'autorité gouvernementale.

Les événements ne tardèrent pas à démontrer que, de ces deux hommes uniquement préoccupés de se tromper l'un l'autre, celui qui avait vu le plus juste et le plus loin, c'était le Pape.

Pour ne parler que des traitements, le Concordat n'avait prévu que celui des évêques et des curés. Les articles organiques, tirant parti de cette clause, interdirent de donner aucun traitement aux vicaires, aux chanoines, aux desservants, aux séminaires. Et cependant nous avons vu déjà que chanoines, vicaires, desservants et séminaires ne tardèrent pas à être dotés par l'Empereur lui-même.

Quelques chiffres suffiront pour montrer avec quelle rapidité se réalisèrent les prévisions de Pie VII. Le premier budget concordataire, celui de 1802, ne s'élevait qu'à un peu plus d'un million, en chiffres exacts : 1.258.197 francs. Mais, dès 1803, son total est de 4 millions ; en 1805, il est déjà triplé et atteint 12 millions ; en 1813, il est de 17 millions et ne fera plus que monter sans cesse pour atteindre le chiffre énorme de 54 millions, auquel il s'élève aujourd'hui ; sans compter les innombrables édifices mis à la disposition du clergé par les communes et l'Etat, sans compter aussi les sommes énormes que, chaque année, les fabriques puisent dans le budget des trente-six mille communes de France, sans compter enfin les biens que les congrégations de toutes sortes ont enlevés à la propriété individuelle et les sommes presque incalculables que les œuvres religieuses tirent de la bourse des particuliers.

La raison de l'élévation graduelle et constante du budget des cultes, est celle que Pie VII avait justement prévue.

A peine Bonaparte eut-il donné à l'Eglise la situation officielle, privilégiée, que lui faisait le Concordat, que les croyances endormies se réveillèrent dans des esprits auxquels la Révolution avait inspiré le désir de s'émanciper, mais qu'elle n'avait pas pu soustraire à l'ignorance sur laquelle s'appuient les religions. Dès que les catholiques eurent réappris le chemin des églises et furent retombés sous la domination des sermons, des instructions, de la confession et des autres pratiques religieuses, la puissance séculière se vit dans l'obligation de tenir compte de leurs désirs et de leurs volontés, sous peine de se les aliéner.

Dès ce moment, la puissance de l'Eglise put tenir en échec celle de l'Etat, et elle le fit si complètement qu'on vit, en 1848, les républicains désireux de conserver les bonnes grâces de l'Eglise, faire bénir par les prêtres les arbres de la Liberté.

Plus l'Eglise devient forte, plus les gouvernants sont obligés de tenir compte de sa puissance, plus ils sont condamnés à augmenter le nombre et l'importance des avantages dont elle jouit.

En établissant le Concordat, Bonaparte croyait mettre l'Eglise sous la domination de l'Etat ; c'est le contraire qui s'est produit ; c'est l'église qui a été érigée, selon les vues de Pie VII, en dominatrice de l'Etat.

Aujourd'hui, l'influence du prêtre tient à deux causes : sa situation de fonctionnaire de l'Etat, le traitement et les privilèges dont il jouit. Le paysan voit très volontiers son fils entrer au séminaire, parce qu'il y acquerra gratuitement une instruction que sa pauvreté ou son avarice l'empêcherait de lui donner, parce que ce fils deviendra ainsi « un monsieur », un membre de la « classe dirigeante » et parce que, grâce au budget des cultes et au logement gratuit que lui donneront les communes, il sera mis pour le reste de ses jours, non seulement à l'abri du besoin, mais encore dans une situation aussi confortable qu'honorée.

En séparant l'Eglise de l'Etat, on supprimerait les deux causes de l'influence du clergé que je viens de rappeler.

A partir du jour où il cesserait d'être fonctionnaire, le prêtre perdrait la majeure partie du prestige qu'il exerce sur les ignorants; par la suppression de son traitement, il rentrerait dans les conditions auxquelles sont soumis tous les autres citoyens ; il serait condamné à vivre de son travail.

On parle, il est vrai, de « l'application stricte du Concordat » comme d'un moyen de dompter le clergé et d'enlever à l'Eglise sa puissance. Mais quelque rigoureuse que pût être « l'application stricte du Concordat», elle conserverait aux prêtres leur situation de fonctionnaires de l'Etat et leurs traitements, c'est-à-dire la cause du respect dont ils sont généralement entourés et la condition qui assure leur recrutement.

Je conclus donc à l'abrogation du Concordat, à la suppression du budget des cultes et à la séparation absolue de l'Eglise et de l'Etat comme au seul moyen rationnel qui existe de déloger l'Eglise de la position privilégiée qu'elle occupe dans notre Société.

Mais ces mesures ne suffiraient pas pour assurer à la libre-pensée et à la société laïque la victoire sur les religions et sur les Eglises qu'elles sont en droit d'espérer. En même temps que nous affaiblirons les Eglises en leur arrachant les privilèges et l'autorité qui font leur force matérielle, nous devrons travailler à la destruction des idées religieuses sur lesquelles est fondée la véritable puissance des ministres des cultes.

Il faut, pour cela, faire pénétrer la science dans tous les cerveaux.

L'Eglise ne sera définitivement vaincue que

le jour où tout homme pourra répéter, en
en comprenant toute la signification et la
valeur, le mot de Laplace : « Dieu est une hy-
pothèse inutile ».

J.-L. DE LANESSAN.

CONCORDAT

Convention entre le Gouvernement français
et sa sainteté Pie VII.

Le Gouvernement de la République française
reconnaît que la religion catholique, apostolique et romaine, est la religion de la grande
majorité des citoyens français.

Sa Sainteté reconnaît également que cette
même religion a retiré et attend encore en ce
moment le plus grand bien et le plus grand
éclat de l'établissement du culte catholique en
France, et de la profession particulière qu'en
font les Consuls de la République.

En conséquence, d'après cette reconnaissance mutuelle, tant pour le bien de la Religion
que pour le maintien de la tranquillité intérieure,
ils sont convenus de ce qui suit :

Art. 1er. La religion catholique, apostolique
et romaine, sera librement exercée en France :
son culte sera public, en se conformant aux
règlements de police que le gouvernement jugera nécessaires pour la tranquillité publique.

Art. 2. Il sera fait par le Saint-Siège, de
concert avec le gouvernement, une nouvelle
circonscription des diocèses français.

Art. 3. Sa Sainteté déclarera aux titulaires
des évêchés français qu'elle attend d'eux, avec
une ferme confiance, pour le bien de la paix et
de l'unité, toute espèce de sacrifices. S'ils se
refusaient à ces sacrifices, commandés par le
bien de l'Eglise (refus néanmoins auquel Sa
Sainteté ne s'attend pas), il sera pourvu, par

de nouveaux titulaires, au gouvernement des évêchés de la circonscription nouvelle, de la manière suivante :

Art. 4. Le premier Consul de la République nommera, dans les trois mois qui suivront la publication de la bulle de Sa Sainteté, aux archevêchés et évêchés de la circonscription nouvelle. Sa Sainteté conférera l'institution canonique, suivant les formes établies par rapport à la France, avant le changement de gouvernement.

Art. 5. Les nominations aux évêchés qui vaqueront dans la suite seront également faites par le Premier Consul, et l'iustitution canonique sera donnée par le Saint-Siège, en conformité de l'article précédent.

Art. 6. Les évêques, avant d'entrer en fonctions, prêteront directement entre les mains du Premier Consul, le serment de fidélité qui était en usage avant le changement de gouvernement, exprimé dans les termes suivants :

« Je jure et promets à Dieu, sur les saints
« évangiles, de garder obéissance et fidélité
« au Gouvernement établi par la Constitution
« de la République française. Je promets aussi
« de n'avoir aucune intelligence, de n'assister
« à aucun conseil, de n'entretenir aucune
« ligue, soit au dedans, soit au dehors,
« qui soit contraire à la tranquillité publique ;
« et si, dans mon diocèse ou ailleurs, j'ap-
« prends qu'il se trame quelque chose au pré-
« judice de l'Etat, je le ferai savoir au Gouver-
« nement ».

Art. 7. Les ecclésiastiques du second ordre prêteront le même serment entre les mains des autorités civiles désignées par le Gouvernement.

Art. 8. La formule de prière suivante sera récitée, à la fin de l'office divin, dans toutes les églises catholiques de France : *Domine salvam fac Rempublicam, Domine, salvos fac Consules.*

Art. 9. Les évêques feront une nouvelle circonscription de paroisses de leurs diocèses, qui n'aura d'effet que d'après le consentement du Gouvernement,

Art. 10. Les évêques nommeront aux cures. Leur choix ne pourra tomber que sur des personnes agréées par le Gouvernement.

Art. 11. Les évêques pourront avoir un chapitre dans leur cathédrale et un séminaire pour leur diocèse sans que le Gouvernement s'oblige à les doter.

Art. 12. Toutes les églises métropolitaines, cathédrales, paroissiales et autres non aliénées, nécessaires au culte, seront remises à la disposition des évêques.

Art. 13. Sa Sainteté, pour le bien de la paix et l'heureux rétablissement de la religion catholique, déclare que, ni elle, ni ses successeurs ne troubleront en aucune manière les acquéreurs des biens ecclésiastiques aliénés, et qu'en conséquence la propriété de ces mêmes biens, les droits et revenus y attachés, demeureront incommutables entre leurs mains et celles de leurs ayants-cause.

Art. 14. Le Gouvernement assurera un traitement convenable aux évêques et aux curés dont les diocèses et les paroisses seront compris dans la circonscription nouvelle.

Art. 15. Le gouvernement prendra également des mesures pour que les catholiques français puissent, s'ils le veulent, faire, en faveur des églises, des fondations.

Art. 16. Sa Sainteté reconnait, dans le Premier Consul de la République française, les mêmes droits et prérogatives dont jouissait près d'elle l'ancien Gouvernement.

Art. 17. Il est convenu entre les parties contractantes que, dans le cas où quelqu'un des successeurs du Premier Consul actuel ne serait pas catholique, les droits et prérogatives mentionnés dans l'article ci-dessus et la nomination aux évêchés seront réglés, par rapport à lui, par une nouvelle convention.

Les ratifications sont échangées à Paris, dans l'espace de quarante jours.

Fait à Paris, le 26 messidor an IX.

Signé : Joseph BONAPARTE (L. S.)

Hercule CONSALVI (L. S.)

CRETET (L. S.)

JOSEPH, Archiep. Corinthi (L. S.)

BERNIER (L. S.)

F.-Carolus CASELLI (L. S.)

ARTICLES ORGANIQUES

DE LA CONVENTION DU 26 MESSIDOR AN IX.

TITRE PREMIER.

Du régime de l'église catholique dans ses rapports généraux avec les droits et la police de l'Etat.

Art. 1er. Aucun bulle, bref, rescrit, mandat, provision, signature servant de provision, ni autre expédition de la cour de Rome, même ne concernant que les particuliers, ne pourront, être reçus, publiés, imprimés, ni autrement mis à exécution sans l'autorisation du gouvernement.

Art. 2. Aucun individu se disant nonce, vicaire ou commissaire apostolique, ou se prévalant de toute autre dénomination, ne pourra sans la même autorisation, exercer sur le sol français, ni ailleurs, aucune fonction relative aux affaires de l'Eglise gallicane.

Art. 3. Les décrets des synodes étrangers, même ceux des conciles généraux, ne pourront être publiés en France avant que le Gouvernement en ait examiné la forme, leur conformité avec les lois, droits et franchises de la République française, et tout ce qui, dans leur publication, pourrait altérer ou intéresser la tranquillité publique.

Art. 4. Aucun concile national ou métropolitain, aucun synode diocésain, aucune assemblée délibérante n'aura lieu sans la permission expresse du Gouvernement.

Art. 5. Toutes les fonctions ecclésiastiques seront gratuites, sauf les oblations qui seraient autorisées et fixées par les réglements.

Art. 6. Il y aura recours au Conseil d'Etat dans tous les cas d'abus de la part des supérieurs et autres personnes ecclésiastiques.

Les cas d'abus sont l'usurpation ou l'excès de pouvoir, la contravention aux lois et réglements de la République, l'infraction des règles consacrées par les canons reçus en France, l'attentat aux libertés, franchises et coutumes de l'Eglise gallicane et toute entreprise ou tout procédé qui, dans l'exercice du culte, peut compromettre l'honneur des citoyens, troubler arbitrairement leur conscience, dégénérer contre eux en oppression, ou en injure, ou en scandale public.

Art. 7. Il y aura pareillement recours au Conseil d'Etat, s'il est porté atteinte à l'exercice public du culte et à la liberté que les lois et les règlements garantissent à ses ministres.

Art. 8. Le recours compétera à toute personne intéressée. A défaut de plainte particulière, il sera exercé d'office par les préfets.

Le fonctionnaire public, l'ecclésiastique ou la personne qui voudra exercer ce recours, adressera un mémoire détaillé et signé au conseiller d'Etat chargé de toutes les affaires concernant les cultes, lequel sera tenu de prendre, dans le plus court délai, tous les renseignements convenables, et, sur son rapport, l'affaire sera suivie et définitivement terminée dans la forme administrative, ou renvoyée, selon l'exigence des cas, aux autorités compétentes.

TITRE II
Des ministres.

SECTION Ire
Dispositions générales.

Art. 9. Le culte catholique sera exercé sous la direction des archevèques et évêques dans leurs diocèses, et sous celle des curés dans leurs paroisses.

Art. 10. Tout privilége portant exemption ou attribution de la juridiction épiscopale est aboli.

Art. 11. Les archevêques et évêques pourront, avec l'autorisation du Gouvernement, établir dans leurs diocèses des chapitres cathédraux et des séminaires. Tous autres établissements ecclésiastiques sont supprimés.

Art. 12. Il sera libre aux archevêques d'ajouter à leur nom le titre de *citoyen* ou celui de *monsieur* ; toutes autres qualifications sont interdites.

SECTION II.

Des archevêques ou métropilitains.

Art. 13. Les archevêques consacreront et installeront leurs suffragants ; en cas d'empêchement ou de refus de leur part, ils seront suppléés par le plus ancien évêque de l'arrondissement métropolitain.

Art. 14. Ils veilleront au maintien de la foi et de la discipline dans les diocèses dépendants de leur métropole.

Art. 15. Ils connaîtront des réclamations et des plaintes portées contre la conduite et les décisions des évêques suffragants.

SECTION III.

Des évêques, des vicaires généraux et des séminaires.

Art. 16. On ne pourra être nommé évêque avant l'âge de trente ans et si on n'est originaire français.

Art. 17. Avant l'expédition de l'arrêté de nomination, celui ou ceux qui seront proposés, seront tenus de rapporter une attestation de bonnes vie et mœurs, expédiée par l'évêque dans le diocèse duquel ils auront exercé les fonctions du ministère ecclésiastique, et ils seront examinés sur leur doctrine par un évêque et deux prêtres qui seront commis par le Premier Consul, lesquels adresseront le résultat de leur examen au conseiller d'Etat chargé de toutes les affaires concernant les cultes.

Art. 18. Le prêtre nommé par le Premier Consul fera les diligences pour rapporter l'institution du Pape.

Il ne pourra exercer aucune fonction avant que la bulle portant son institution ait reçu l'attache du Gouvernement, et qu'il ait prêté, en personne, le serment prescrit par la Convention passée entre le Gouvernement français et le Saint-Siège.

Ce serment sera prêté au premier Consul ; il en sera dressé procès-verbal par le secrétaire d'Etat.

Art. 19. Les évêques nommeront et institueront les curés ; néanmoins, ils ne manifesteront leur nomination et ils ne donneront l'institution canonique qu'après que cette nomination aura été agréée par le Premier Consul.

Art. 20. Ils seront tenus de résider dans leur diocèse ; ils ne pourront en sortir qu'avec la permission du Premier Consul.

Art. 21. Chaque évêque pourra nommer deux vicaires généraux, et chaque archevêque pourra en nommer trois ; ils les choisiront parmi les prêtres ayant les qualités requises pour être évêques.

Art. 22. Ils visiteront annuellement, et en personne, une partie de leur diocèse, et, dans l'espace de cinq ans, le diocèse entier.

En cas d'empêchement légitime, la visite sera faite par un vicaire général.

Art. 23. Les évêques seront chargés de l'organisation de leurs séminaires, et les règlements de cette organisation seront soumis à l'approbation du Premier Consul.

Art. 24. Ceux qui seront choisis pour l'enseignement dans les séminaires souscriront la déclaration faite par le clergé de France en 1682, et publiée par un édit de la même année ; ils se soumettront à y enseigner la doctrine qui y est contenue, et les évêques adresseront une expédition en forme de cette soumission au conseiller d'Etat chargé de toutes les affaires concernant les cultes.

Art. 25. Les évêques enverront, toutes les années, à ce conseiller d'Etat, le nom des personnes qui étudieront dans les séminaires et qui se destineront à l'état ecclésiastique.

Art. 26. Ils ne pourront ordonner aucun ecclésiastique, s'il ne justifie d'une propriété produisant au moins un revenu annuel de trois cents francs, s'il n'a atteint l'âge de vingt-cinq ans, et s'il ne réunit les qualités requises par les canons reçus en France.

Les évêques ne feront aucune ordination avant que le nombre des personnes à ordonner ait été soumis au Gouvernement et par lui agréé.

SECTION IV.

Des curés.

Art. 27. Les curés ne pourront entrer en fonctions qu'après avoir prêté entre les mains du préfet, le serment prescrit par la convention passée entre le Gouvernement et le Saint-Siège ; il sera dressé procès-verbal de cette prestation par le secrétaire général de la préfecture, et copie collationnée leur en sera délivrée.

Art. 28. Ils seront mis en possession par le curé ou le prêtre que l'évêque désignera.

Art. 29. Ils seront tenus de résider dans leurs paroisses.

Art. 30. Les curés seront immédiatement soumis aux évêques dans l'exercice de leurs fonctions.

Art. 31. Les vicaires et desservants exerceront leur ministère sous la surveillance et la direction des curés.

Ils seront approuvés par l'évêque, et révocables par lui.

Art. 32. Aucun étranger ne pourra être employé dans les fonctions du ministère ecclésiastique sans la permission du Gouvernement.

Art. 33. Toute fonction est interdite à tout ecclésiastique, même français, qui n'appartient à aucun diocèse.

Art. 34. Un prêtre ne pourra quitter son diocèse pour aller desservir dans un autre, sans la permission de son évêque.

SECTION V.

Des chapitres cathédraux et du gouvernement des diocèses pendant la vacance du siège.

Art. 35. Les archevêques et évêques qui voudront user de la faculté qui leur est donnée d'établir des chapitres, ne pourront le faire sans avoir rapporté l'autorisation du Gouvernement, tant pour l'établissement lui-même que pour le nombre et le choix des ecclésiastiques destinés à les former.

Art. 36. Pendant la vacance des sièges, il sera pourvu par le métropolitain, et, à son défaut, par le plus ancien des évêques suffragants, au Gouvernement des diocèses.

Les vicaires généraux de ces diocèses continueront leurs fonctions, même après la mort de l'évêque, jusqu'à son remplacement.

Art. 37. Les métropolitains cathédraux seront tenus, sans délai, de donner avis au gouvernement de la vacance des siéges, et des mesures qui auront été prises pour le gouvernement des diocèses vacants.

Art. 38. Les vicaires généraux qui gouverneront pendant la vacance, ainsi que les métropolitains ou capitulaires, ne se permettront aucune innovation dans les usages et coutumes des diocèses.

TITRE III

Du culte.

Art. 39. Il n'y aura qu'une liturgie et un catéchisme pour toutes les églises catholiques de France.

Art. 40. Aucun curé ne pourra ordonner des prières publiques extraordinaires dans sa paroisse sans la permission spéciale de l'évêque.

Art. 41. Aucune fête, à l'exception du dimanche, ne pourra être établie sans la permission du Gouvernement.

Art. 42. Les ecclésiastiques useront, dans les cérémonies religieuses, des habits et ornements convenables à leur titre. Ils ne pourront, dans aucun cas, ni sous aucun prétexte, prendre la couleur et les marques distinctives réservées aux évêques.

Art. 43. Tous les ecclésiastiques seront habillés à la française, et en noir.

Les évêques pourront joindre à ce costume la croix pastorale et les bas violets.

Art. 44. Les chapelles domestiques, les oratoires particuliers ne pourront être établis sans une permission expresse du Gouvernement, accordée sur la demande de l'évêque.

Art. 45. Aucune cérémonie religieuse n'aura lieu hors des édifices consacrés au culte catholique, dans les villes où il y a des temples destinés à différents cultes.

Art. 46. Le même temple ne pourra être consacré qu'à un même culte.

Art. 47. Il y aura, dans les cathédrales et paroisses, une place distinguée pour les individus catholiques qui remplissent les autorités civiles et militaires.

Art. 48. L'évêque se concertera avec le préfet, pour régler la manière d'appeler les fidèles au service divin par le son des cloches. On ne pourra les sonner, pour toute autre cause, sans la permission de la police locale.

Art. 49. Lorsque le gouvernement ordonnera des prières publiques, les évêques se concerteront avec le préfet et le commandant militaire du lieu, pour le jour, l'heure et le mode d'exécution de ces ordonnances.

Art. 50. Les prédications solennelles, appelées *sermons*, et celles connues sous le nom de stations de l'avent et du carême, ne seront faites que par des prêtres qui en auront obtenu une autorisation spéciale de l'évêque.

Art. 51. Les curés, aux prônes des messes paroissiales, prieront et feront prier pour la prospérité de la République française et pour les Consuls.

Art. 52. Ils ne se permettront, dans leurs instructions, aucune inculpation directe ou indirecte, soit contre les personnes, soit contre les autres cultes autorisés par l'Etat.

Art. 53. Ils ne feront au prône aucune publication étrangère à l'exercice du culte, si ce n'est celles qui seront ordonnées par le Gouvernement.

Art. 54. Ils ne donneront la bénédiction nuptiale qu'à ceux qui justifieront en bonne forme, avoir contracté mariage devant l'officier civil.

Art. 55. Les registres tenus par les ministres du culte, n'étant et ne pouvant être relatifs qu'à l'administration des sacrements, ne pourront, dans aucun cas, suppléer les registres ordonnés par la loi pour constater l'état civil des Français.

Art. 56. Dans tous les actes ecclésiastiques et religieux, on sera obligé de se servir du calendrier d'équinoxe établi par les lois de la République ; on désignera les jours par les noms qu'ils avaient dans le calendrier des solstices.

Art. 57. Le repos des fonctionnaires publics sera fixé au dimanche.

TITRE IV

De la circonscription des archevêchés, des évêchés et des paroisses des édifices destinés au culte, et du traitement des ministres.

SECTION PREMIÈRE.

De la circonscription des archevêchés et des évêchés.

Art. 58. Il y aura en France dix archevêchés ou métropoles, et cinquante évêchés.

Art. 59. La circonscription des métropoles et des diocèses sera faite conformément au tableau ci-joint.

SECTION II.

De la description des paroisses.

Art. 60. Il y aura au moins une paroisse dans chaque justice de paix.

Il sera en outre, établi autant de succursales que le besoin pourra l'exiger.

Art. 61. Chaque évêque, de concert avec le préfet, réglera le nombre et l'étendue de ces succursales. Les plans arrêtés seront soumis au Gouvernement et ne pourront être mis à exécution sans son autorisation.

Art. 62. Aucune partie du territoire français ne pourra être érigée en cure ou en succursale sans l'autorisation expresse du Gouvernement.

Art. 63. Les prêtres desservant les succursales sont nommés par les évêques.

SECTION III.

Du traitement des ministres.

Art. 64. Le traitement des archevêques sera de 15.000 francs.

Art. 65. Le traitement des évêques sera de 10.000 francs.

Art. 66. Les curés seront distribués en deux classes. Le traitement des curés de la première classe sera porté à 1500 francs ; celui des curés de la seconde classe à 1000 francs.

Art. 67. Les pensions dont ils jouissent en exécution des lois de l'Assemblée constituante seront précomptées sur leur traitement.

Les conseils généraux des grandes communes pourront, sur leurs biens ruraux ou sur leurs octrois, leur accorder une augmentation de traitement, si les circonstances l'exigent.

Art. 68. Les vicaires et desservants seront choisis parmi les ecclésiastiques pensionnés en exécution des lois de l'Assemblée constituante.

Le montant de ces pensions et le produit des oblations formeront leur traitement.

Art. 69. Les évêques rédigeront les projets de règlements relatifs aux obligations que les ministres du culte sont autorisés à recevoir pour l'administration des sacrements. Les projets de règlements rédigés par les évêques ne pourront être publiés, ni autrement mis à exécution, qu'après avoir été approuvés par le Gouvernement.

Art. 70. Tout ecclésiastique pensionnaire de l'État sera privé de sa pension, s'il refuse, sans cause légitime, les fonctions qui pourront lui être confiées.

Art. 71. — Les conseils généraux de département sont autorisés à procurer aux archevêques et aux évêques un logement convenable.

Art. 72. Les presbytères et les jardins attenants, non aliénés, seront rendus aux curés et aux desservants des succursales. A défaut de ces presbytères, les conseils généraux des communes seront autorisés à leur procurer un logement et un jardin.

Art. 73. Les fondations, qui ont pour objet l'entretien des ministres et l'exercice du culte, ne pourront consister qu'en rentes constituées sur l'Etat ; elles seront acceptées par l'évêque diocésain, et ne pourront être exécutées qu'avec l'autorisation du Gouvernement.

Art. 74. Les immeubles autres que les édifices destinés aux logements et les jardins attenants, ne pourront être affectés à des titres ecclésiastiques, ni possédés par les ministres du culte, à raison de leurs fonctions.

SECTION IV.

Des édifices destinés au culte.

Art. 75. Les édifices anciennement destinés au culte catholique, actuellement dans les mains de la nation, à raison d'un édifice par cure et par succursale, seront mis à la disposition des évêques, par arrêtés du préfet de département.

Une expédition de ces arrêtés sera adressée au conseiller d'Etat chargé de toutes les affaires concernant les cultes.

Art. 76. Il sera établi des fabriques pour veiller à l'entretien et à la conservation des temples, à l'administration des aumônes.

Art. 77. Dans les paroisses où il n'y aura point d'édifice disponible pour le culte, l'évêque se concertera avec le préfet pour la désignation d'un édifice convenable.

TABLEAU DE LA CIRCONSCRIPTION
des nouveaux archevêchés et évêchés de la France.

PARIS, archevêché, comprendra dans son diocèse le département de la Seine.
Troyes, l'Aube et l'Yonne.
Amiens, la Somme et l'Oise.
Soissons, l'Aisne.
Arras, le Pas-de-Calais.
Cambrai, le Nord.
Versailles, Seine-et-Oise, Eure-et-Loir.
Meaux, Seine-et-Marne, Marne.
Orléans, Loiret, Loir-et-Cher.

MALINES, archevêché des Deux-Nèthes, la Dyle.
Namur, Sambre-et-Meuse.
Tournai, Jemmapes.
Aix-la-Chapelle, la Roër, Rhin-et-Moselle.
Trèves, la Sarre.
Gand, l'Escaut, la Lys.
Liège, Meuse-Inférieure, Ourthe.
Mayence, Mont-Tonnerre.

BESANÇON, archevêché, Hte-Saône, le Doubs, le Jura.
Autun, Saône-et-Loire, la Nièvre.
Metz, la Moselle, les Forêts, les Ardennes.
Strasbourg, Haut-Rhin, Bas-Rhin.
Nancy, la Meuse, les Vosges.
Dijon, Côte-d'Or, Haute-Marne.

LYON, archevêché, le Rhône, la Loire, l'Ain.
Mende, l'Ardèche, la Lozère.
Grenoble, l'Isère.
Valence, la Drôme.
Chambéry, le Mont-Blanc, le Léman.

AIX, archevêché, le Var, les Bouches-du-Rhône.
Nice, Alpes-Maritimes.
Avignon, Gard, Vaucluse.
Ajaccio, le Golo, la Liamone.
Digne, Hautes-Alpes, Basses-Alpes.

TOULOUSE, archevêché, Haute-Garonne, Ariège.
  Cahors, le Lot, l'Aveyron.
  Montpellier, l'Hérault et le Tarn.
  Carcassonne, l'Aude, les Pyrénées-Orientales.
  Agen, Lot-et-Garonne, le Gers.
  Bayonne, les Landes, Hautes-Pyrénées, Basses-Pyrénées.

BORDEAUX, archevêché, la Gironde.
  Poitiers, les Deux-Sèvres, la Vienne.
  La Rochelle, la Charente-Inférieure, la Vendée.
  Angoulême, la Charente, la Dordogne.

BOURGES, archevêché, le Cher, l'Indre.
  Clermont, l'Allier, le Puy-de-Dôme.
  Saint-Flour, la Haute-Loire, le Cantal.
  Limoges, la Creuze, la Corrèze, la Haute-Vienne.

TOURS, archevêché, Indre-et-Loire.
  Le Mans, Sarthe, Mayenne.
  Angers, Maine-et-Loire.
  Nantes, Loire-Inférieure.
  Rennes, Ille-et-Vilaine.
  Vannes, le Morbihan.
  Saint-Brieuc, Côtes-du-Nord.
  Quimper, le Finistère.

ROUEN, archevêché, la Seine-Inférieure.
  Coutances, la Manche.
  Bayeux, le Calvados.
  Séez, l'Orne.
  Evreux, l'Eure.

www.ingramcontent.com/pod-product-compliance
Lightning Source LLC
Chambersburg PA
CBHW072059080426
42733CB00010B/2160